苏州佚志考

陈其弟 著

苏州市地方志办公室 编

广陵书社

图书在版编目（CIP）数据

　　苏州佚志考 / 陈其弟著；苏州市地方志办公室编.
扬州 : 广陵书社，2024. 6. -- ISBN 978-7-5554-2280
-8

　　Ⅰ. K295.33

　　中国国家版本馆CIP数据核字第2024TD6448号

书　　名	苏州佚志考
著　　者	陈其弟
编　　者	苏州市地方志办公室
责任编辑	顾寅森
出 版 人	刘　栋
出版发行	广陵书社

　　　　　　扬州市四望亭路 2-4 号　　　　邮编　225001
　　　　　　（0514）85228081（总编办）　　85228088（发行部）
　　　　　　http://www.yzglpub.com　　E-mail:yzglss@163.com

印　　刷	无锡市海得印务有限公司
装　　订	无锡市西新印刷有限公司
开　　本	889 毫米 ×1194 毫米 1/32
印　　张	7.75
字　　数	180 千字
版　　次	2024 年 6 月第 1 版
印　　次	2024 年 6 月第 1 次印刷
标准书号	ISBN 978-7-5554-2280-8
定　　价	58.00 元

前　言

　　2021 年出版的《苏州旧志提要——〈江苏旧方志提要〉苏州部分补正》，对苏州存世旧志作了系统的梳理，但并未涉及佚志。为了更加全面地研究苏州历代旧志的编纂历史，现根据苏州历代旧志的"艺文"，以及序跋，找寻先贤曾经编纂过的旧志"踪迹"，并略作考据，以备参考。

　　本书首列《苏州简史》《苏州方志编纂简史》《苏州现存早期府县志在中国方志史上的地位》三篇文章，主要讲述苏州的建置沿革、苏州方志编纂的大体脉络，以及苏州作为"方志之乡"的地位。正文主要由《苏州佚志提要》《苏州佚志序跋汇辑》《苏州佚志考证》三部分组成。《苏州佚志提要》与《苏州旧志提要——〈江苏旧方志提要〉苏州部分补正》相呼应，只是前者所述对象为"佚志"；《苏州佚志序跋汇辑》系从存世旧志中辑录的已佚志书的序跋，从中可以略窥"佚志"的编纂情况；《苏州佚志考证》包括已经形成"考据"成果的数篇文章。书后有附录：其一为辑自《道光苏州府志》卷一百二十八《艺文七》的《吴中故实》和辑自《宣统太仓州志》卷二十五《艺文》的《旧志书目》；其二是辑自《吴门补乘》卷九的《苏州旧志刊误四种》——《府志刊误（雅《志》）》《吴县志刊误（姜《志》）》《长洲县志刊误（李《志》）》《元和县志刊误（许《志》）》，正是如今苏州城区范围（不含吴江区）内乾隆年间编纂的四种府县志。

本书既梳理了苏州志书编纂的古今脉络，又对苏州旧志的历史价值和地位作了论述，主体部分有辑有考，附录内容也辑自苏州旧志，故名《苏州佚志考》，可以看作《苏州旧志提要——〈江苏旧方志提要〉苏州部分补正》的姊妹篇，以为后来者研学之用。

苏州市地方志办公室

2024 年 6 月

目 录

苏州佚志考证

附 录

苏州简史

商末,周君古公亶父欲传位三子季历,长子泰伯、次子仲雍避位南奔长江下游梅里(今无锡梅村),与当地土著居民结合,建立"勾吴"。

泰伯卒,无子,仲雍继位。二十传诸樊继位后,国都南迁至今苏州平门西北二里处。周敬王五年,公子光继位为吴王阖闾。阖闾元年(公元前514),命大臣伍子胥相土尝水,始筑阖闾大城,即今苏州古城址。

周元王三年(公元前473),越灭吴,吴国地属越。周显王三十六年(公元前333),吴、越之地尽属楚。秦王政二十五年(公元前222),秦国平定楚国江南地区,置会稽郡,并置吴县。郡治、县治设于吴国故都(今苏州古城址)。吴县县廨在子城东北打急路桥(今保吉利桥,位于白塔东路与平江路相交处)之东。会稽郡廨在子城内,一直保存至秦汉、唐宋时期,相沿称之为"黄堂"。

东汉永建四年(129),析会稽郡浙江(钱塘江)以西地另立吴郡,领13县,吴为首县。晋太康四年(283),析吴县虞乡置海虞县。隋开皇三年(583),废郡以州治,是为吴州;九年二月,废吴郡,改吴州为苏州,取州西姑苏山为名。苏州得名自此始。隋开皇十一年至唐武德七年(591—624),苏州、吴县治一度迁城西南横山之下设新郭。

唐万岁通天元年(696),割吴县地置长洲县,与吴县划境分治,西为吴县,东为长洲县。遂移吴县县治于州廨西北二里褚家巷(宋流化坊,今马医科),新建长洲县治在州治后东北三里(宋乘鲤坊东段,今旧学前)。州(郡)治沿袭原吴子城。

宋政和三年(1113),以苏州为帝节镇,升为平江府,辖吴县、长洲、昆山、常熟、吴江五县。

元至元十二年(1275)十二月,改平江府为平江路,领吴县、长洲、昆山、常熟、吴江、嘉定六县,治所在饮马桥西,即宋府仓基(今道前街东段,即原府前街与仓米巷之间)。

元至正十六年(1356),张士诚建都平江,改为隆平府。次年,张士诚降元,又改隆平府为平江路。二十三年,张士诚自称吴王。至正二十七年、明太祖吴元年(1367)九月,改平江路为苏州府,直隶江南行中书省,领吴县、长洲两县与吴江、常熟、昆山、嘉定四州(洪武二年均降为县)。

明、清苏州府治在府前街(后为道前街吴县第一招待所,今为会议中心)。明洪武元年(1368),吴县县治移置太平桥西北(清吴县前,今古吴路第十六中学操场)。长洲县治移置乌鹊桥西北,相传为义役仓故址(清长署前,今长洲路苏州职业大学本部)。清雍正二年(1724),析长洲、昆山、常熟、吴江县地,分置元和、新阳、昭文、震泽四县。苏州府领吴县、长洲、元和、昆山、常熟、吴江、新阳、昭文、震泽九县。长洲县治在城东北隅,元和县治在城东南隅(清十郎巷,今元和路第一中学),与吴县同城而治。

清宣统三年农历八月十九日(1911年10月10日),辛亥革命爆发。九月十五日(11月5日),江苏巡抚程德全在苏州宣布独立。十月初四,裁苏州府及长、元、吴三县,设苏州,置苏州民政长署,管辖原长、元、吴三县县境。中华民国元年(1912)1月,各地废府、州,并县、厅。苏州改称吴县,县署仍称苏州民政长署,先在原吴县县署,1930年5月迁入府前街(清苏州府署,今会议中心)。

　　1949年4月27日,苏州解放,划苏州为市。苏州市及吴县、常熟、昆山、吴江、太仓五县为苏州行政区。30日,成立苏州市人民政府。同时成立苏南苏州行政区专员公署(后改称苏州地区行政公署,简称苏州专区),驻苏州市,1951年10月至撤销都设在五卅路94号。1953年1月26日,省政府通报调整江苏省专区及市、县区划:苏州市为省辖市(1958年7月5日~1962年6月25日,一度归苏州专区领导);苏州专区辖常熟市、常熟、吴县、吴江、太仓、昆山、无锡、宜兴、江阴、太湖办事处10个县市。

　　1983年1月18日,《国务院关于江苏省改革地市体制调整行政区划的批复》,批准撤销苏州地区行政公署。同时撤销常熟县,改设常熟市,将原苏州专区的吴县、吴江、昆山、太仓、沙洲、常熟六县(市)划归苏州市,于3月1日正式实行。

　　1986年9月16日,撤沙洲县,设张家港市(县级)。1989年7月27日,撤销昆山县,设立昆山市(县级),由省直辖;9月14日,省政府通知:"鉴于县级市省直辖涉及的方面较多,昆山市暂仍由苏州市人民政府领导管理,实行计划单列。"1992年,撤销吴江县,设立吴江市(县级)。1992年3月1日,撤销新区开发领导小组,在苏城外西部成立苏州市人民政府河西新区管理委员会,属市政府派出机构,享有县级职能,始有苏州新区设置。1993年3月,撤销太仓县,设立太仓市(县级)。1994年2月11日,经国务院批准,在苏城外东部金鸡湖地区成立苏州工业园区。1995年7月,撤销吴县,设立吴县市(县级)。至此,苏州市下辖平江、沧浪区、金阊区、郊区4个区及苏州新区、苏州工业园区2个国家级开发区,代管张家港、常熟、太仓、昆山、吴江、吴县六市(县级)。

　　1999年12月31日,苏州市郊区更名为虎丘区。2001年2月

28日,撤销吴县市,分设苏州市吴中区、相城区。2002年9月6日,苏州市调整市区部分行政区划,合并虎丘区与苏州高新区建置,实行两块牌子、一套班子。至此,苏州市下辖平江区、沧浪区、金阊区、吴中区、相城区、虎丘区(苏州高新区)6个区及苏州工业园区,代管张家港市、常熟市、太仓市、昆山市、吴江市五市(县级市)。

2012年8月,吴江撤市设区。9月,撤销苏州市沧浪区、平江区、金阊区,设立苏州市姑苏区。苏州市共辖姑苏、吴中、相城、虎丘(苏州高新区)、吴江5个区及苏州工业园区和张家港、常熟、太仓、昆山4个市(县级市)。

苏州方志编纂简史

方志之名初见于《周官》，有人认为方志之源在《禹贡》，也有人认为是《山海经》，但都离后世方志之体较远。目前，方志界比较一致的看法是将《越绝书》列为方志的鼻祖。据杨慎考证，《越绝书》的作者是东汉会稽人袁康、吴平，所记内容为吴越地方史地，上自吴泰伯，下迄后汉，统合古今，横列人物、地理、都邑、建置、冢墓等门类，而且大都记实，就其体例和性质而言，已近似方志。清毕沅、洪亮吉都说"一方之志，始于《越绝》"。朱士嘉在《宋元方志传记索引序》中也指出"《越绝书》是现存最早的方志"。据史书记载，秦始皇统一全国后，实行郡县制度，当时吴县（今苏州）属会稽郡。因此，从某种意义上说，苏州是地方志的发源地。

自汉至北宋千余年间，地方志曾以地记、图经等名称和形式长期流行。据张国淦《中国古方志考》考证，苏州一带曾有过顾启期《娄地记》、顾微《吴县记》、张勃《吴地记》、顾夷《吴郡记》等数种，可惜都没有流传下来。现存最有名的地记当推唐陆广微的《吴地记》，此记一述史地沿革、二载山川、三记各县、四考城门、五记坊巷、六载桥梁、七记台阁、八载寺观、九录茶盐酒等税钱、十记坟墓，以苏州为记载范围，先叙府后载县，即以府县为纲，下载建置沿革、分野、世系、辖境、户口、赋税、城郭、寺观，又增记坟墓、园宅、台阁，已初具府志形制。顾颉刚先生称之为后继者的阶梯。

最早的图经是有图有文，图是指地图，经即地图的说明文字，合称为图经。李宗谔《祥符州县图经序》云："图则作绘之名,经则载言之别。"后来,图说渐众,可单独成书,逐渐由图经发展为方志。由于古之地图轴幅较大,难以保存,所以大都是图亡而文存,成为后世所见仅有文字之图经(浙江大学仓修良教授不同意此说法,认为图经原本就没图,依据是我们今天看到的《敦煌图经》两个残卷并不见有图)。北宋政府数次大规模诏修图志,对各地图经、方志的编纂起了极大的促进作用。据统计,著之于编的宋代图经多是祥符、熙宁、元丰、政和等时期纂修的。张国淦《中国古方志考》著录的《祥符图经》即有43种之多,其中苏州有李宗谔《祥符州县图经》之《苏州图经》、罗处约《吴县图经》等。北宋图经多已散佚,有刻本流传下来的只有朱长文《吴郡图经续记》1种。该记承续北宋大中祥符间李宗谔等撰《苏州图经》,成书于神宗元丰七年(1084)。全书分上中下三卷,上卷分封域、城邑、户口、坊市、物产、风俗、门名、学校、州宅、南园、仓务、海道、亭馆、牧守、人物15门;中卷分桥梁、祠庙、宫观、寺院、山、水6门;下卷分治水、往迹、园第、冢墓、碑碣、事志、杂录7门,共28门。从门目上看,该书因事立目,分门别类,比唐陆广微《吴地记》门目多一倍有余,几乎涉及苏州地区情况的各个方面,历来为志界推重。其门类设置注重反映地方特色,如苏州近海且境内湖网密布,该书特辟"海道""治水"二门予以重点记载。其治水所载内容成为苏州地区最早的一部水利史,详细记述了自唐迄宋当地兴修水利的主要经过,具有较高的存史价值。

南宋修志,苏州有3种传世:《吴郡志》《玉峰志》《玉峰续志》。从体例看,可分为平列门目、纲目体和史志体三种类型。平列门目是在旧图经基础上加以扩充而形成的多门类形式。范成大撰《吴郡志》,成书于绍熙三年(1192),共分三十九门。纲目体是对平列门目的改造,在大类下设目,以纲统目,类例较为清晰。特别要指出的是,今天能看到的早期所修的方志中均没有设置"凡例"这一体例。即使是方志界公认为"善志"的范成大《吴郡志》也无"凡例"。唯独昆山《玉峰志》首创先例,设置凡例五则。修志订立凡例以明著书之宗旨和原则,直到明成化年间时才被方志界纳入修志体例,而昆山"创新"方志体例超前了 200 余年。因此,昆山的这一体例创新,对宋代方志体例定型具有里程碑式、划时代的伟大意义,对后世方志发展有着重大的影响。

自宋代完成从图经到方志的过渡以后,方志的发展进入繁盛时期。据张国淦《中国古方志考》统计,元代所修方志约 160 种,苏州有《至正昆山郡志》6 卷、《至正重修琴川志》15 卷传世。元代方志多是对宋代方志的续修,其体例因袭宋志者不少。对旧志改易较多的,有以《至正昆山郡志》为代表的简志体。《至正昆山郡志》6 卷,杨谦纂,修于至正元年(1341)。是书分为 16 门,有风俗、山、坊、园亭、冢墓、古迹、名宦、封爵、进士、人物、释老、土贡、土产、杂记、异事、考辨。分目虽细,但每项叙事寥寥数言而已,极其简略。杨维桢为该书作序,称:"立凡创例,言博而能要,事核而不芜,与前邑志不可同日较工拙也。"清代学者钱大昕、周中孚皆称赞该志简而有要,推为简志的范本。元代方志在体例形式上不拘旧规,多有创新改易,在资料考证和叙述上也比宋志注重纪实,较少文人意趣。如《至正重修琴川志》也以三分之一的篇幅记题咏、碑记。元代志家对方志理论提出了许多精辟见解。从现存元志序跋可以看出,史志同义,在当时已是常谈之论了。《至正昆山郡志》所收杨维桢序曰:"余谓金匮之编,一国之史也;图经,一郡之史也。士不出户而知天下之山川疆理、君臣政治,要荒蛮貊之外,类由国史之信也;不入提封而知其人民、城社、田租、土贡、风俗异同、户口多少之差,由郡史之信也。"

元代志家对方志多源有了进一步的认识。戴良《重修琴川志序》序称:"古者,郡国有图,风土有记,所以备一方之纪载。今之志书,即古之图记也。"

明代建立初年,统治者即对方志编修工作予以高度重视。洪武三年(1370),朱元璋"诏儒士魏俊民等类编天下州郡地理形势、降附颠末为书。"(《明史·艺文志二》)洪武间,下令"编类天下州郡地理形势"之书;永乐间,"诏令天下郡县卫所皆修志书";弘治十一年(1498)、正德十五年(1520),明政府又两次下诏"遍征天下郡邑志书"。中央政府三令五申督促编呈方志,使得州县志的编纂在明朝建国之始就十分繁盛。

传世的苏州明代府志有两种《洪武苏州府志》50卷、《正德姑苏志》60卷,州县志《崇祯吴县志》54卷,部头较大。明人修志,大都注重掌故,广采文献,因而保存了大量地方史料。《嘉靖昆山县志》《隆庆长洲县志》《崇祯吴县志》记述了当地园林建筑的特点,为了解明代园林艺术提供了重要史料。明代方志记载丰富,引用原始档案较多,为后人研究当时地理建置、经济物产和风俗人物、文化著述带来了莫大方便,这是学术界公认的。但是,由于不少明志过于强调征实考信,列目琐碎,引文繁多,因而又有芜杂之讥。为矫正此弊,明代一些志家遵循宋《剡录》、元《至正昆山郡志》之法,撰述简志体方志。由著名通俗文学家冯梦龙编纂的《寿宁待志》,分28门,叙述有详有略,详者如赋税开列有万历二十年(1592)后加裁之数,"使览者知寿民之艰与寿令之苦";略者如人物诸目仅举其姓氏里贯及简要事迹,盖"叙事中多称功诵德之语,殊乖志体"。该书记述多为作者亲身经历或调查得来,对于旧志材料则逐条考辨,态度极为严谨,又叙述史事简明概括,虽列目较多,但卷帙甚略,通篇只 2 卷,计 5 万多字。明代学者普遍将文直事核、义严词工作为善志标准。

清代方志编修多能依循六十年一纂的则例,定期续修。在县志中还出现了综括两三县的合志,如苏州的《昆新两县志》《常昭合志》《吴长元三县合志》等。清代府州县志与明代相似,卷帙大都较少,但也不乏鸿篇巨著。府志中,道光、同治两种《苏州府志》皆 150 卷;县志中的巨帙是《乾隆吴县志》,有 112 卷。

清代乡镇志的编纂也很普遍,尤以江浙地区为多,仅苏州就有《甫里志》《陈墓镇志》《周庄镇志》《光福志》《菉溪志》《信义志》《双凤里志》《璜泾志》《刘河镇记略》《虞乡志略》《支溪小志》《唐墅志》《桂村小志》《钓渚小志》《穿山小识》《里睦小志》《盛湖志》《黎里志》《同里志》《黄溪志》《平望志》《震泽镇志》《分湖小识》等几十种。除上述省、府、州、县、镇志以外,清朝末年,还出现了大量为各地学校作教材用的乡土志。清代大部分方志皆属官修,其主持纂修者往往又是本地长官和名望绅士,难免矜夸乡里,虚誉人物。清代乾嘉学者从事方志撰著和方志学研究很普遍,通常被分为两派,一派是考据派,也称纂辑派;一派是史志派,也称著述派。

民国时期,时局动荡,战事纷扰,地方志的编修工作时续时断。据朱士嘉《中国地方志综录(增订本)》和"中央图书馆"编印的《台湾公藏地方志联合目录》所载统计,"凡属于民国时期纂修之地方志共 1255 种"。其中江苏超过 100 种,苏州在此期间比较有名的县志有丁祖荫的《重修常昭合志》、李根源的《民国吴县志》等。民国期间,各省还相继编纂了许多乡镇志、乡土志和各类风土笔记、调查记等。1914 年,民国教育部也督促各县编修乡土志,作为各地学校的乡土教材,如江苏的《吴江县乡土志》。还有以镇、乡、村为范围编写的乡土教材,如江苏的《同里乡土志》。

民国时期,对于历代方志的整理,除编制方志目录外,主要是对旧方志的重印、辑佚和考证研究。

民国年间对旧志刊印工作是比较重视的,形式也多样,既有影印、影抄、晒印,又有石印、铅印;既有单刻,又有汇刊,当时由学者及出版社辑刻的古籍丛书也收录了不少方志,商务印书馆辑《丛书集成初编》就收有《吴地记》等旧志。一些古代著名方志的翻印次数较多,如苏州的两部宋代方志《吴郡图经续记》和《吴郡志》有多种民国印本,前者有民国 2 年(1913)重印《榕园丛书》本、民国 11 年(1922)影印《学津讨原》本、民国 13 年(1924)刻《密韵楼景宋本七种》本、民国 26 年(1937)铅印《丛书集成》本,后者有民国 3 年(1914)吴兴张钧衡影刻宋本、民国 10 年(1921)影印《墨海金壶》本、民国 11 年(1922)影印《守山阁丛书》本、民国 15 年(1926)吴兴张氏刻《择是居丛书》本、民国 26 年(1937)铅印《丛书集成》本。

中华人民共和国成立初期,虽然曾经展开过修志工作,但是由于政治运动频仍,苏州的地方志工作基本没有实质性进展。倒是一些书店和出版单位影印出版了一些旧志,如上海书店 1963 年出版了《天一阁藏明代地方志选刊》,其中就有明杨逢春修、方鹏纂《嘉靖昆山县志》16 卷(线装本)。

到了 80 年代,随着全国规模的新修地方志工作的推开,以及新编地方志事业的发展,带动了旧志的整理与出版,上述这套志书又以 16 开精装的形式重新影印出版。1986 年,苏州市古旧书店复印出版了《苏州掌故丛书》,其中有清赵诒翼纂《信义志稿》21 卷首 1 卷末 1 卷,清时宝臣修、凌德纯纂《直塘里志》6 卷,清陈揆纂《琴川志注草》12 卷首 1 卷,明管一德纂《皇明常熟文献志》18 卷,明龚立本纂《崇祯常熟县志》15 卷,清陈揆纂《琴川续志草》10 卷,清邓琳纂《道光虞乡志略》12 卷,清费善庆纂《垂虹识小录》6 卷等。

1986 年,为了庆祝苏州建城 2500 年,苏州市地方志办公室联合江苏古籍出版社等单位整理出版了《吴地记》《吴郡图经续记》《吴郡志》《吴门表隐》《百城烟水》《寒山寺志》《清嘉录》《吴越春秋》《宋平江城坊考》等 9 种方志,列入江苏古籍出版社推出的《江苏地方文献丛书》。

1994 年 5 月,昆山市地方志编委会、苏州市图书馆、苏州大学联合点校整理《康熙昆山县志稿》,由江苏科技出版社出版。之后,《虎阜志》《太湖备考》《元和唯亭志》《重修常昭合志》《吴中小志丛刊》《张家港旧志汇编》《吴邑志·长洲县志》《常熟乡镇旧志集成》《昆山宋元三志》《弘治昆山志》《嘉靖昆山县志》《万历昆山县志》《弘治太仓州志》《嘉靖吴江县志》《至正重修琴川志》等旧志整理成果先后出版,有力地促进了旧志的流播,大大便利了旧志的开发利用。

1995 年,首轮《苏州市志》出版,1997 年获全国地方志一等奖,标志着首轮修志的完成。1998 年,苏州市方志馆向社会开放。同年,启动了城市区志的编纂。到 2005 年启动二轮修志时,苏州已出版了 84 种部门志、109 种乡镇志和 4 种村志。2016 年,二轮 10 部市县区志全部出版。至 2020 年 8 月,苏州全市已出版乡镇志 189 部,在编 26 部;已版出村志 84 部,在编 71 部。

苏州现存早期府县志在
中国方志史上的地位

著名学者梁启超说:"最古之史,实为方志。"(梁启超《中国近三百年学术史》)因之,有人把晋之《乘》、楚之《梼杌》、鲁之《春秋》作为方志的发端。其中,《春秋》是孔子根据鲁国国史内容删节而成,也是我国现存最早的编年体史书,约 1.8 万字。它对后世的史志体,特别是言简意赅、直书其事的史笔,具有很大的典范意义。如此溯源,则方志距今已有两千多年的历史。大家知道,我国有 5000 年的文明史,依据是什么?唯有历史书最真实可信。但是我国古代有文字的历史,从殷商的甲骨文算起也只有 3000 多年,之前的 2000 年文明史充其量不过是传说,也就是我们通常说的史前社会。早在 2000 多年前的春秋末期,我国大教育家孔子在编写《春秋》时就发出了"文献不足征"的感慨了。我国真正意义上的历史只能从甲骨文算起。它是对当时殷商帝王重大活动的原始记录,尽管限于当时的认知水平(在每次重大行动之前采用问卜的方法占其凶吉),但还是为我们提供了不可多得的实录。在春秋时期,各诸侯国多有别国史,从某种意义上说,当时的别国史可以看作是以各诸侯国的地域范围为记述对象的地方志的雏形。苏州现存的以记载当时吴越两国争霸史为主要内容的地方志有汉代的《越绝书》《吴越春秋》。

在秦汉到宋以前,除了正史以外,我国史学界还长期存在着一种叫地记和图经的体裁,方志界一般将他们作为地方志的"先驱",虽然尚不叫"志",但已把他们作为地方志看待了。此类著作,苏州现存的有唐代《吴地记》、宋代《吴郡图经续记》。到了南宋,地方志完成了从图经到地方志的过渡,已经是比较成熟的地方志了,代表作有范成大的《吴郡志》。通过阅读这些前人留给我们的旧志,我们可以清楚地看到地方志的发生、发展和成熟的进程,同时也告诉我们,地方志的编修是在保持地方志本质属性不变的前提下,在不断创新的过程中发展起来的。

苏州方志的起源与雏形

方志之名初见于《周官》,有人认为方志之源在《禹贡》,也有人认为是《山海经》,但都离后世方志之体较远。目前,方志界比较一致的看法是将《越绝书》列为方志的鼻祖。据杨慎考证,《越绝书》的作者是东汉会稽人袁康、吴平[1],所记内容为吴越地方史地,它上自吴泰伯,下迄后汉,统合古今,横列人物、地理、都邑、建置、冢墓等门类,而且大都记实,就其体例和性质而言,已近似方志。清毕沅、洪亮吉都说"一方之志,始于《越绝》"。朱士嘉在其《宋元方志传记索引序》中也指出"《越绝书》是现存最早的方志"。傅振伦称"《越绝书》先记山川、城郭、冢墓,次及纪传,独传于今。后世方志,实昉于此"。据史书记载,秦始皇统一全国后,实行郡县制度,当时吴县(今苏州)属会稽郡。因此,从某种意义上来说,苏州是地方志的发源地。

自汉至北宋千余年间,地方志曾以地记、图经等名称和形式

---

1 仓修良先生否定此说。

长期流行,据张国淦《中国古方志考》考证,苏州一带曾有过顾启期《娄地记》、顾微《吴县记》、张勃《吴地记》、顾夷《吴郡记》等数种,可惜都没有流传下来。现存最有名的地记当推唐陆广微的《吴地记》,通行本有江苏古籍出版社1986年版曹林娣校注本。此记一述史地沿革、二载山川、三记各县、四考城门、五记坊巷、六载桥梁、七记台阁、八载寺观、九录茶盐酒等税钱、十记坟墓,以苏州为记载范围,先叙府后载县,即以府县为纲,下载建置沿革、分野、世系、辖境、户口、赋税、城郭、寺观,又增记坟墓、园宅、台阁,已初具府志形制。顾颉刚先生称之为后继者的阶梯。

现存图经实例《吴郡图经续记》

最早的图经什么样? 李宗谔《祥符州县图经序》云:"图则作绘之名,经则载言之别。"后来,图说渐众,可单独成书,逐渐由图经发展为方志。由于古之地图轴幅较大,难以保存,所以大都是图亡而文存,成为后世所见仅有文字之图经。北宋政府数次大规模诏修图志,对各地图经、方志的编纂起了极大的促进作用。据统计,著之于编的宋代图经多是祥符、熙宁、元丰、政和等时期纂修的。据不完全统计,宋朝图经存目共有200余种,张国淦《中国古方志考》著录的《祥符图经》即有43种之多,包括今江苏(4种)、安徽(2种)、浙江(7种)、福建(1种)、湖北(6种)、江西(7种)、广东(3种)、广西(1种)、四川(12种)等省区,其中苏州有李宗谔《祥符州县图经》之《苏州图经》、罗处约《吴县图经》等。北宋图经多已散佚,苏州有刻本流传下来的只有朱长文《吴郡图经续记》1种。

《吴郡图经续记》3卷,通行本有江苏古籍出版社出版的金菊林标点本。该记承续北宋大中祥符间李宗谔等撰《苏州图经》,成书于神宗元丰七年(1084),分上、中、下三卷,上卷分封域、城邑、户口、坊市、物产、风俗、门名、学校、州宅、南园、仓务、海道、亭馆、牧守、人物15门;中卷分桥梁、祠庙、宫观、寺院、山、水6门;下卷分治水、往迹、园第、冢墓、碑碣、事志、杂录7门,共28门。从门目上看,该书因事立目,分门别类,比唐陆广微《吴地记》门目多一倍有余,几乎涉及苏州地区情况的各个方面,历来为志界推重。其门类设置注重反映地方特色,如苏州近海且境内湖网密布,该书特辟"海道""治水"二门予以重点记载。其治水所载内容成为苏州地区最早一部水利史,详细记述了自唐迄宋当地兴修水利的主要经过,具有较高的存史价值。

首部体例完备的定型之作《吴郡志》

南宋修志相当普遍,不仅名都重邑皆有图志,就是"僻陋之邦,偏小之邑,亦必有记录焉"。(黄岩孙《仙溪志跋》)现存最早的一部乡镇志《澉水志》即是南宋绍定三年(1230)纂成的。南宋所修方志传于今者有27种。江苏省有《吴郡志》《景定建康志》《嘉定镇江志》《咸淳毗陵志》《云间志》《玉峰志》《玉峰续志》7种,苏州占3种,为《吴郡志》《玉峰志》《玉峰续志》。

南宋志书,从体例看,可分为平列门目、纲目体和史志体三种类型。平列门目是在旧图经基础上加以扩充,形成多门类形式。最著名的是范成大的《吴郡志》,成书于绍熙三年(1192),共分39门。纲目体是对平列门目的改造,在大类下设目,以纲统目,类例较为清晰。

苏州首部体例完备、统合古今的府志当推范成大的《吴郡志》,《四库全书总目提要》称"其书凡三十九门,征引浩博,而叙述简核,为地志之善本"。全书所引的正史、野史、类书、专著、别集、方志、笔记等约计有 150 种。所有引文都注明书名或篇名和作者，用夹注方式处理，四库馆臣称之为"著书之创体"。其"事以类聚""类为一志"的志体格局为后世方志所仿效，一直沿用至今。尽管清人钱大昕曾指出是书沿革、牧守与进士题名有多处差错，但丝毫未损其在方志领域的地位。

此后，也有章悊纂《吴志类补》13 卷，这是对范《志》的拾遗补阙，可惜已不传于世。

首创"凡例"的《玉峰志》

宋代流传至今的方志全国仅有 30 多种，而昆山就有两种，《玉峰志》是昆山第一部县志。另一部昆山宋志是咸淳八年（1272）由谢公应修、边实纂的《玉峰续志》，是一部前志的续志。不断续修是地方志领域不成文的"行规"，可是正、续同时并存传世的宋代志书却为数不多。它们为后人续修地方志书提供了宝贵的经验和实样。

特别要指出的是，今天能看到的早期所修的方志中均没有设置"凡例"这一体例。即使是方志界公认为"善志"的范成大《吴郡志》也无"凡例"。唯独昆山《玉峰志》首创先例，设置"凡例五则"：

凡事旧在昆山而今在嘉定者，以今不隶本邑，今皆不载。

凡碑记见存者，书其名，不载其文。不存者载其文。

凡事有《吴郡志》所载与今修不同者，以今日所闻见无异者修。

凡叙人物，有本邑人而今居他所、非本邑人而今寓居者，今皆载。

凡事有重见者，止载一处，余书见某门，更不重载。

修志订立凡例以明著书之宗旨和原则,直到明成化年间时才被方志界纳入修志体例,而昆山"创新"方志体例超前了200余年。因此,昆山的这一体例创新,对宋代方志体例定型具有里程碑式、划时代的伟大意义,对后世方志发展有着重大的影响。

两部元代志书的代表作《至正昆山郡志》和《重修琴川志》

自宋代完成从图经到方志的过渡以后,方志的发展进入繁盛时期。元代方志在前代基础上取得了新的成就。其中《元一统志》的纂修是一个重要创新。自《元一统志》纂修之后,明清两代的总志皆仿其体、袭其名,从而完成了全国区域志的定型。据张国淦《中国古方志考》统计,元代所修方志约160种,现在所能见到的元代方志共15种,其中江苏5种:《至正金陵新志》15卷,《无锡志》4卷,《至顺镇江志》21卷,《至正昆山郡志》6卷,《至正重修琴川志》15卷。元代方志多是对宋代方志的续修,其体例因袭宋志者不少。对旧志改易较多的,有以《至正金陵新志》为代表的正史体,以及以《至正昆山郡志》为代表的简志体。

《至正昆山郡志》6卷,杨谦纂。是书修于元至正元年(1341),分为风俗、山、坊、园亭、冢墓、古迹、名宦、封爵、进士、人物、释老、土贡、土产、杂记、异事、考辨等16门。分目虽细,但每项叙事寥寥数言而已,极其简略。杨维桢为该书作序,称:"立凡创例,言博而能要,事核而不芜,与前邑志不可同日较工拙也。"清代学者钱大昕、周中孚皆称赞该志简而有要,推为简志的范本。元代方志在体例形式上不拘旧规,多有创新改易,在资料考证和叙述上也比宋志注重纪实,较少文人意趣。

元代志家对方志理论提出了许多精辟见解。从现存元志序跋可以看出,史志同义,在当时已是常谈之论了。《至正昆山郡志》杨维桢序曰:"余谓金匮之编,一国之史也;图经,一郡之史也。士不出户而知天下之山川疆理、君臣政治,要荒蛮貊之外,类由国史之信也;不入提封而知其人民、城社、田租、土贡、风俗异同、户口多少之差,由郡史之信也。"

元代志家对方志多源也有了进一步的认识。戴良《重修琴川志序》称:"古者,郡国有图,风土有记,所以备一方之纪载。今之志书,即古之图记也。"

《重修琴川志》是常熟现存最早的志书。该志前有金华戴良《重修琴川志序》,宋丘岳、褚中二人所撰旧序,县境之图,县治之图,虞山南境,虞山北境,乡村之图;卷1~2叙县:县境、县治、县城、门、坊、巷、庙学(吴公祠附)、社坛、公廨、馆驿、亭楼、桥梁、仓库、营寨、义阡、池、镇、市、岗、酒坊、县界、乡都;卷3叙官:县令、县丞、主簿、县尉、监务、监镇、巡检;卷4叙山;卷5叙水:江防、海道、水利、湖、泾、塘;卷6叙赋:田、地、户口、税、苗、常平义仓、役钱、酒课、拍店、醋息、商税、上供、钱库、职田、县役人、乡役人(附义役者札文);卷7叙兵:许浦水军、顾迳水军、寨兵、铺兵;卷8叙人:进士题名、人物、隐逸;卷9叙产;卷10叙祠、庙、寺观、冢墓;卷11~13叙文:碑文;卷14题咏;卷15拾遗。题咏、碑记的篇幅约占全志的三分之一,资料性著述的特性非常明显。清阮元《揅经室外集》卷1《重修琴川志十五卷提要》云:"其于城池之形势、山水之崇深,与夫兵赋之多寡、文献之昭垂,罔不记载详明,了无余蕴。是可与施宿《嘉泰会稽志》、梁克家《淳熙三山志》抗衡,非明人全用己说者可比。"评价较为中肯。

明代州县志书的代表作

明代建立初年,统治者即对方志编修工作高度重视。洪武三年(1370),朱元璋"诏儒士魏俊民等类编天下州郡地理形势、降附颠末为书"(《明史·艺文志二》)。据史籍记载,洪武间成书的全国区域志有《大明志书》《大明清类天文分野之书》《寰宇通衢》3种。自宋代以来,每当朝廷大举修编总志时,都要求地方呈送图经、方志,以备汇纂。明代也不例外,洪武间"编类天下州郡地理形势",永乐间"诏令天下郡县卫所皆修志书",三令五申督促编呈方志,使得州县志的编纂在明朝建国之始就十分繁盛。弘治十一年(1498)、正德十五年(1520),明政府又两次下诏"遍征天下郡邑志书"。为了统一规划方志体例内容,明永乐十年(1412)和十六年(1418),明成祖朱棣还两次颁发《纂修志书凡例》,对志书中建置沿革、分野、疆域、城池、山川、坊郭镇市、土产、贡赋、风俗、户口、学校、军卫、郡县廨舍、寺观、祠庙、桥梁、古迹、宦迹、人物、仙释、杂志、诗文的编纂均作出具体规定。这是现存最早的关于地方志编纂的政府条令[1]。由朝廷颁定修志凡例,对于各府、州县志书编纂的兴盛和内容的完备,起了积极的促进作用。

据《中国地方志联合目录》统计,现存明代方志有973种,以现行区划考其分布,则浙江最多,有113种,江苏有96种。明

---

1 《大明永乐十年颁降修志凡例》载于《嘉靖寿昌县志》卷首,共17则,所列类目有25门;《永乐十六年颁降纂修志书凡例》载于《正德莘县志》卷首,共21则,除第8则并列土产、贡赋、田地、税粮、课程、税钞6项,其余每则各述一事,共26门。两个《凡例》在类目上很相近,叙述亦无大差别,对所列类目的内容、取材、书写方式均作出详细规定。

人修志,大都注重掌故,广采文献,因而保存了大量地方史料。苏州传世的明代志书也较多,主要有《嘉靖吴邑志》《崇祯吴县志》《隆庆长洲县志》《万历长洲县志》《弘治常熟县志》《嘉靖常熟县志》《皇明常熟文献志》《万历常熟县私志》《崇祯常熟县志》《弘治太仓州志》《嘉靖太仓州志》《崇祯太仓州志》《弘治昆山县志》《嘉靖昆山县志》《万历昆山县志》《弘治吴江志》《嘉靖吴江县志》《崇祯吴江县志》等近二十种。

阮元在《道光重修仪征县志序》中指出:"明代事不师古,修志者多炫异居功,或蹈袭前人而攘善掠美,或弁髦载籍而轻改妄删。"为矫正此弊,明代一些志家遵循宋《剡录》、元《至正昆山郡志》之法,撰述简志体方志。在这方面,《嘉靖昆山县志》《弘治太仓州志》值得一提。

《嘉靖昆山县志》16卷:卷一沿革、疆域、城池、风俗、户口、田赋、土贡、土产;卷二官署、学校(祭器附)、坛庙、冢墓、古迹;卷三山、水、乡保、坊巷;卷四市镇、桥井、第宅(亭馆附)、园地、寺观;卷五官守;卷六进士;卷七乡贡、岁贡;卷八荐举、恩典、荫子、监胄;卷九名宦、封爵;卷十至十二人物(名贤、节行、文学、政迹、隐逸、孝友、列女、艺术、游寓);卷十三杂记;卷十四至十五集文;卷十六集诗。

该志前有一篇自序,甚至没有请主修官作序,显示了明代嘉靖年间特有的简约之风。志书立《凡例》10条,称"于人片善必录,微瑕必掩,有记载而无褒贬焉,然褒贬亦自寓矣",可谓深谙"述而不论"的道理。卷目之后是5幅地图:昆山县境界之图、昆山县城内之图、马鞍山境之图、昆山县治之图、昆山县儒学之图,后世读者可以从中直观地了解到嘉靖年间昆山县的概貌。

全志重要的正文处有双行小字作注文,以示征信。某些卷目

之后还有作者的"谨按",作进一步说明,如卷四"寺观"目之后云:
"谨按:老佛之宫,莫盛于宋,莫滥于元。逮我国朝,殊为落寞。迩
者有司屡奉部檄,废毁无额庵院,固崇正黜邪之善政也。若撤其余
材以葺公宇,妆其地价以给公费,贫老缁黄处之得所,夫谁不服?
若悉归之巨室,为第宅,为冢墓,为园圃,所偿之直十才一二。使实
繁有徒,退有后言,则无以服其心矣。"

志书中涉及人物的卷目占 8 卷,为全志的一半,即从卷五到
卷十二;诗文集占 3 卷,是名副其实的"资料性文献"。对于《嘉
靖昆山县志》的评价,《江苏旧方志提要》称:"弘治十年(1497),
新立太仓州,割昆山部分地区属之,而《人物》门于'已划分为太
仓州者,悉载不遗'。但列传尚无溢美夸饰之词,于诗文也'必关
风教、系政体、切民事者则录之',泛泛景物者概不录;持论亦颇严
谨,考订也较翔实,文体简洁,差可称为上乘之作。"

明代不少修志者已具有了志为史体的思想,方鹏更是在《凡
例》中明确宣称"一志固一邑之史",并将此思想运用到修志实
践中,于是就有了涵盖明嘉靖以前昆山社会生活各方面内容的
《昆山县志》的传世。这是《嘉靖昆山县志》在中国方志史上的
价值所在,对于今天正在进行的二轮修志仍具有较高的借鉴和参
考价值。

《弘治太仓州志》10 卷,是太仓真正行政意义上的首部志书,
李端修,桑悦纂。桑悦在《太仓州志序》中说:"古者史以纪事,
自天子达于庶人。二十五家为闾,生子则闾史书之。闾亦有史,
况一国乎?秦易封建为郡县,史亦随废。后世郡县有志,亦史之
流裔也。"这告诉我们,在秦始皇统一全国之前,有一个自上(周
天子)而下(庶人)的"史官"队伍,当时的基层组织称为"闾",
由 25 户人家组成,不论哪家生了孩子,"闾史"都要及时记载。

这个工作犹如今天到户籍所在地报户口，"闾史"即类似于今天的户籍警察。秦始皇统一全国之后，实行了郡县制，每郡各县都要修志，作者认为郡县修志是古代"闾史"制度的遗响。由此看来，今天我们研究方志发展史，还不能忘了对古代基层组织工作的深入关注。

论志书体裁，《弘治太仓州志》尚为严整，尽管以官师题名附于官廨、学校，体例方面殊欠严谨，但是对于风俗、土产二门却记载极详，这在明代方志中极为少见。每卷之前各系前言一节，提纲挈领，述其原委，这点已为我们新修志书所采用，即卷章节下的无题小序。旧例，方志生者不立传，而本志《凡例》却称"盖棺事始定，人之有善，生不宜书，但恐失。今不书，后遂湮灭。因变例，凡人年过古稀，晚节可保者，间或书其一二云。非特书者，则不拘此例。"大胆打破了"生不列传"的禁锢，不失为地方志编修人物传记的创举。当今二轮志书中，许多志书在人物卷中设人物简介、知名人物录不正是在打破所谓的"生不列传"的规定吗？

到了明代后期，志书的篇幅越来越大，《崇祯吴县志》超过了五十卷。犹如我们正在进行的二轮修志，有些县级志书字数达到了300万。

明代苏州文学家冯梦龙在担任福建寿宁知县时编纂的《寿宁待志》，可以算是明代简志的典范。该志分28门，叙述有详有略，详者如赋税开列有万历二十年（1592）后加裁之数，"使览者知寿民之艰与寿令之苦"；略者如人物诸目仅举其姓氏里贯及简要事迹，盖"叙事中多称功诵德之语，殊乖志体"。该书记述多为作者亲身经历或调查得来，对于旧志材料则逐条考辨，态度极为严谨，又叙述史事简明概括，虽列目较多，而卷帙甚略，通篇只有2卷，计5万多字。明代学者普遍将文直事核、义严词工作为善志标准。

按照这个标准,冯梦龙编纂的《寿宁待志》无疑属于善志范畴。这部《寿宁待志》尽管不是苏州的地方志,可是由苏州人编纂,也应该算是明代苏州文人对地方志事业的贡献。

明代两部府志善本

真正以《苏州府志》作为志名的是成书于洪武年间的卢熊《苏州府志》50卷(下简称卢《志》)。该志体例脱胎于宋范成大《吴郡志》,自从洪武十二年(1379)初刻后,再也没有刻印过,因此流传于世的刻本极少,据说只有北京图书馆(原傅增湘藏,书后有傅氏跋文)和南京图书馆(原苏州顾公硕藏)各藏一套。台湾存明初抄本,有黄廷鉴跋文,收入1983年台湾成文出版有限公司的《中国方志丛书》(影印出版)。苏州博物馆藏该志清抄本。由于元代苏州没有编过府志,要了解范志以后至明开国以前的历史,只能仰仗卢《志》及一些笔记,其价值不言而喻。

《洪武苏州府志》的作者卢熊,乃元时吴县教谕,是一位熟悉地情的博雅君子,还编纂过《兖州府志》。后世一般称《洪武苏州府志》为卢《志》。卢《志》之所以珍贵,除了洪武十二年初刻以后再未出版过,流传稀少外,还有三个原因:其一,洪武年间编修的地方志书本来就少,在全国范围内也屈指可数,哪怕是像天一阁那样有名的藏书楼都没有关于洪武年间编修志书的著录;其二,《洪武苏州府志》是苏州历史上第一部称为"府志"的志书,而且在此之前的元代,苏州范围内传世的志书只有至正年间的《至正昆山郡志》和《重修琴川志》两种,要全面了解元代的苏州历史,还真少不了这部《苏州府志》;其三,此志《四库全书》未收,仅存的两部刻本均有宋宾王的校补("南图本"上的校补是傅增湘应顾鹤逸之请过录上去的),一向为人称道。该志在体例上依类连属,把各自的效用集结起来,构成一个完整的整体。宋濂在序中称"数百里之内,二千载之间,其事可按书而得矣"。

明代另一部苏州府志是王鏊的《正德姑苏志》。该志 60 卷,系增补范、卢二志而成,《四库全书总目》称它"繁简得中,考核精当。在明人地志中,尤为近古"。章学诚也说《姑苏志》为世盛称"。迄今为止,后世修志界对《姑苏志》也是褒扬多于指正,应该说是一部值得推介的优秀志书。从该志的序文中可知,身后被唐寅誉为"海内文章第一、山中宰相无双"的王鏊在为官 30 年后退居苏州致力于地方文献著述,受苏州知府林世远之聘,担任总纂,整合了范成大《吴郡志》和卢熊《苏州府志》,再参照各家著述,补充卢《志》下限以后史事,仅花了 8 个月的时间,就修成了洋洋 60 卷的新府志,堪称修志界"又好又快"的典范之作。王鏊修的《姑苏志》并非完美无缺,甚至在刚刚完成编修之初,就有人指出它的不足了。这个人便是在嘉靖年间编出首部吴县志《吴邑志》的杨循吉。原文如下:

王文恪公鏊修苏州志,众欲请杨君谦。文恪以君谦谣啄,不欲与同局。《姑苏志》成,文恪遣使送之,君谦方栉沐,不暇抽看,但顾签票,云:"不通不通!"使者还述其语,文恪以为狂,愠甚。一日,晤杨,问前语,君谦曰:"然。今府志修于本朝,当以苏州名志。姑苏,吴王台名也,以此名志,可乎?"文恪始大服杨之精识。

在地方志中采用古称并不是《姑苏志》首创。范成大修志时,苏州称"平江",范修志名却称《吴郡志》,也非当时行政区域的称呼。尽管如此,杨循吉的看法还是得到了王鏊的认同。从中我们也可体会到古代修志人的胸怀与雅量。直到今天,我们编修志书,几乎都遵循以下限时行政区域名称命名志书的做法,足见我们苏州修志前贤的远见卓识。

作为一种文化体裁,地方志编修一直是在继承基础上的创新,每次理论和实践上的创新,都有苏州修志人的踪迹,这是苏州修志人对方志学科的贡献,值得我们珍视!

清代三部堪称善本的府志

《乾隆苏州府志》80卷首1卷,雅尔哈善、傅椿修,习寯、王峻等纂,是继《康熙苏州府志》之后苏州的第二部府志。雅尔哈善(?—1759),字蔚文,满洲正红旗人。雍正三年(1725)翻译举人,自内阁中书四迁,乾隆三年(1738)授通政使。乾隆七年八月任苏州知府,九年七月升福建汀漳道。傅椿,字毅庵,满洲镶黄旗监生。乾隆十年五月由淮安知府调任苏州知府,十二年十二月升苏松巡道。习寯,字载展,号谧斋,清吴县(今苏州市)人。康熙五十七年(1718)进士,雍正四年(1726)督学湖南,迁侍讲、侍读学士、少詹事等职。王峻(1644—1751),字艮斋,江苏常熟人。雍正二年进士,改翰林院庶吉士,散馆,授编修。曾任浙、云、贵乡试副、正考官,江西道监察御史。精地理之学。著有《水经广注》《汉书正误》《艮斋诗文集》等。纂修《苏州府志》时,拒贿千金求更一二字者。协修5人,其中有吴派经学家惠栋。《民国吴县志》云:知府雅尔哈善延邑人习寯、邵泰、蒋恭棐、王峻等修,秉笔者李果也。书成于乾隆十三年。本志"修志姓名"将李果连同元和县贡生程钟、元和县学生员惠栋、昭文县学生员鲍晋高列为"协修"。《道光苏州府志》云:"李果,字硕夫,号客山,长洲人。祖圣祥,顺治己丑武榜进士及第,浙江杭州营游击。果生四岁能诵汉唐诗……十二岁而孤。十四岁学为古文辞,尝应童子试,旋弃去。入官舍佣书以供养其大母与母,从进士叶燮游,刻苦为诗文,遂有名。长沙陈鹏年令衢,之西安,见其诗,大称之……雍正、乾隆间,诏求博学宏词及山林隐逸,总督高其倬、巡抚雅尔哈善先后欲荐之,皆力辞。先是,雅公守苏州,修郡志,聘果分纂,书成,果力为多。卜居城南葑湄草堂。母卒,大吏请之,不复应,日鬻文以自给,卒年七十三。著有《咏归亭诗》《在亭丛稿》若干卷。"全志设目:卷首图;卷1分野、疆域、建置沿革(表附)、形势;卷2风俗;卷3城池(坊巷附);卷4山;卷5水;卷6~7水利;卷8户口、田赋;卷9~11田赋(屯田、芦课、徭役、榷税、钱法、盐课、积贮、蠲赈附);卷12物产,卷13~15公署(仓驿、义局附);卷16~17学校(书院、社学、义学附);卷18军制;卷19乡都(市、镇、村附);卷20津梁;卷21~23坛庙;卷24~25寺观;卷26古迹;卷27~29第宅园林;卷30~31冢墓;卷32~35职官;卷36~41选举;卷42~46名宦;卷47~65人物;卷66艺术;卷67流寓;卷68~72列女;卷73释;卷74道;卷75~76艺文;卷77祥异、记兵;卷78~80杂记。前有安宁、傅椿、雅尔哈善三人所撰《序》和《修志凡例》。关于体例,《修志凡例》中称"今志有与旧志(《康熙志》)体制不同者,如建置沿革地表,以旧志记繁志寡,则仿《大清一统志》之例。人物分县序代,则仿皇甫汸《长洲志》之例。……此外移易尚多"。但从总的方面看,与《康熙志》还是渊源相承的。至于减去《巡幸》《氏族》《封爵》《后妃》诸门,也是恰当的。尤其是删《巡幸》,在文化专制主义极度严酷的情况下是颇有胆识的。编者不仅依据府旧志、正史,还旁及古今群籍,下及各县志,又参稽文移、碑刻、文集,甚至"从书贾购得明崇祯初昆山王提学志坚所纂《宦绩人物稿》十四册。……因据其本增改十之二三",取材广泛而又严谨。是书在方法上也有特点："每事每条,概系以书名。或一书中元文有不备者,有错误者,则参以他书,合成一篇,仍注明'某书参某书'或'某书某书合纂'。"以往的方志乃至史籍,在记述星野时,大都是转相抄袭,多无新意。而此志《分野》列有《苏州府极度昼夜长短日出入朦胧影刻分表》和《星纪宫星宿图》,较为精密。

《道光苏州府志》150 卷首 10 卷,宋如林、额腾伊修[1],石韫玉等纂。宋如林,字仁圃,汉军镶红旗人,举人。道光元年(1821)三月初三日任苏州知府。额腾伊,蒙古正白旗人。道光元年六月初八日任苏州知府。道光二年九月初一日,罗琦任苏州知府。道光三年五月十七日,额腾伊回任苏州知府。石韫玉(1756—1837),字执如,号琢堂,晚号独学老人,清吴县(今苏州市)人。乾隆庚戌(1790)科状元,曾典试福建,视学湖南,出任重庆知府,川东道,山东按察使、布政使等职。辞官后主讲紫阳书院二十多年。著有《读左卮言》《汉书刊误》《独学庐诗文集》等。道光元年,与潘世恩同受知府宋如林之聘纂修《苏州府志》,由石韫玉总其事。分纂为潘世璜等 7 人,其中有著名藏书家、校勘家黄丕烈。书前有宋如林、额腾伊二人所撰序,以及凡例、图;卷首仿《康熙苏州府志》设《巡幸》《宸翰》,凡 10 卷;正文体例基本参照《乾隆苏州府志》,唯于《田赋》增 6 卷,《学校》《津梁》《名宦》《僧》各增 1 卷,《第宅园林》《选举》《杂记》各增 2 卷,《坛庙》《列女》各增 5 卷,《职官》增 3 卷,《人物》增 14 卷,《寺观》分立《僧寺》《道观》2 门凡增 4 卷,《艺文》虽有 5 卷而另立《金石》《集文》《集诗》3 门实增 10 卷,并新创《旧序》1 卷置于卷末。其中增设的《金

---

1 《中国地方志联合目录》主修人未著录"额腾伊"而作"罗琦"。该志启动于宋如林任上,成于额腾伊回任苏州知府任上。其间,罗琦曾任苏州知府八个半月。

石》，实际上是恢复和发展了《吴郡图经续记》的《碑碣》，保存了不少应当重视的史料。而《巡幸》与《宸翰》，《乾隆苏州府志》已删，此书却再设，所记无非是登临迎送、歌功颂德之辞，尤其是对玄烨和弘历所题诗词匾额等类收录无遗，实在没有过多实际的史料价值。《杂记》和别的方志一样，有不少是荒诞不经的传说，但仍可从中披沙拣金，发现一些有用资料。如对太湖六桅船和渔民生活的记述，为研究当时的造船技术和渔民生活提供了重要的第一手资料。在编纂方法上，是书也有不同于前志之处，如《古迹》《坛庙》《第宅园林》《人物》《集文》等目，都先列纲目，给查阅者带来方便。而记载失当的也有多处，如《军制》所记弓兵数额、横泾巡官等。《职官》不著太湖厅司狱，而转引早已裁撤的苏州府经历、昆山主簿等。但因其内容丰富，故与《乾隆苏州府志》并被目为善志。

《同治苏州府志》150卷首3卷，李铭皖、谭钧培修，冯桂芬纂。李铭皖，字薇生，夏邑人。进士。同治元年（1862）四月二十一日署苏州知府。五年十月初六日、七年八月二十八日、十年二月十五日、十三年二月十八日四次回任。谭钧培，字序初，镇远人。进士。光绪三年（1877）任苏州知府。冯桂芬（1809—1874），字林一，为学宗法顾亭林，因又字景亭，吴县人。道光二十年（1840）榜眼，授翰林院编修。二十三年充顺天乡试同考官，翌年又充广西乡试正考官。1853年3月，太平军攻克江宁（南京），他在苏州办团练，协助清军收复被小刀会占领的上海附近县城，擢任右春坊中允。1860年，李秀成攻占苏州，他逃往上海，参与由江浙官绅和英、法、美等国领事组成的会防局，又参加李鸿章幕府，为之出谋划策。主张裁减苏、松两府和太仓州的赋额，倡导"采西学""制洋器""以中国之伦常名教为本，辅以诸国富强之术"，是改良派的先导，对洋务派有很大的影响。著有《校邠庐抗议》《显志堂稿》《两淮盐法志》等。此志是他晚年移居苏州郊外木渎时所纂。同治十三年，冯氏去世，其子芳辑继其遗志，完成定稿[1]。因于光绪间刊行，所以有人又称为《光绪苏州府志》。此志体例悉遵《乾隆苏州府志》而略为变通。所设门目，先有图，卷首巡幸；卷1星野；卷2疆域（建置沿革、形势附）；卷3风俗；卷4城池；卷5坊巷；卷6~7山；卷8水；卷9~11水利；卷12~19田赋；卷20物产；卷21~24公署；卷25~27学校；卷28军制；卷29~32乡都（村、镇、圩、图附）；卷33~34津梁；卷35古迹；卷36~38坛庙；卷39~44寺观；卷45~48第宅园林；卷49~51冢墓；卷52~58职官；卷59~67选举；卷68~73名宦；卷74~108人物；卷109~110艺术；卷111~112流寓；卷113~133列女；卷134~135释道；卷136~139艺文；卷140~142金石；卷143祥异；卷144~149杂记；卷150旧序。前有吴元炳、谭钧培、许应镳、郜云鹄、毕保釐、李铭皖等6人所撰《序》和《修志凡例》。书中把分纂者及其所纂门目分别载明，这是本志的创新。《修志姓名》列有采访11人（康、乾两志都只有1人，道光志增至2人），如此重视采访，实具有卓识。此志比起以前诸苏州志有两个显著的优点。一、12幅地图，系以绘图新法并参用咸丰、同治两次履地实测绘制而成，虽因缩绘和刻印等未免失真，但较旧图方位、比例的粗略失当，要可信得多。二、清代的赋额，前志记载极为繁芜，每亩应输米银数莫辨究竟，此据同治二年新定科则列表，并附旧章于后，使实征本色与折色的名数一目了然。同时缕述田赋的层层加码以及种种弊端，造成吴下人民负担之重

---

1 《中国地方志联合目录》因此误认为是同治十三年修。

国内为最的状况,又远溯宋代以来田亩、户口、赋税、漕运、解支数和屯田、芦课、杂税、盐铁诸法的史实,备采《宋史》《明史》《续文献通考》《赋役全书》以及有关的官吏奏议、私人撰著和各种方志的记载,考述颇为翔实。此外,《杂记》中有关著名藏书家黄丕烈"百宋一廛"的记叙,有关苏城阊门孙春阳南货铺经营规模和特色的记述也都有很高的史料价值。

苏州佚志提要

府　志

吴录三十卷　〔晋〕张勃撰

　　张勃,晋吴人,张俨之子。《隋书·经籍志》《乾隆苏州府志》著录"《吴录》三十卷,见荀勖《晋中经簿》",且注明出处依据。唐陆广微《吴地记》有引用称:"张勃《吴录》云:'五湖者,太湖之别名,以其周行五百里,以五湖为名。'"卢熊《洪武苏州府志》有云:"《吴录》云:彭循,字子阳。建国二年,海贼丁仪等万人据吴,太守秋君闻循勇谋,以守命循与仪相见,陈说利害,应时俱散。民歌之曰:'时岁仓卒贼纵横,大戟长弩不可当,赖得贤令彭子阳。'"《道光苏州府志·人物三十二》云:"吴范,吴人,善相风,为吴八绝之一。"标明是参考"张勃《吴录》《群辅录》"而成。《吴门岁华纪丽自序》云:"若张勃《吴录》、陆广微《吴地记》、龚明之《中吴纪闻》、陆友仁《吴中旧事》、范石湖《吴郡志》、王鏊《姑苏志》、顾惟仲《姑苏补遗》等书,皆以吴人纪吴事,其于山川、风土言之綦详。"可见,最早著录《吴录》的是荀勖《晋中经簿》。荀勖(?—289),字公曾,颍川颍阴(今河南许昌)人,出身于西晋著名世家,是汉朝司空荀爽的曾孙。荀勖本人也是文学家、律学家、目录学家。《晋中经簿》即其所著。《晋中经簿》亦称《中经新簿》,此书以郑默《中经》为依据,是一部综合性的国家藏书目录,约成书于西晋武帝咸宁五年。荀勖与张勃是同时代人,其著录应该是可信的。张国淦

《中国古方志考》以《吴录地理志》著录,并引用王谟辑录张勃《吴地理志辑本》的按语称:"此《吴地记》乃张勃《吴录》中所记三国吴时州郡地理,故得极之苍梧、九真、日南、交趾,与顾夷、董览、陆道瞻诸人专记吴中山川土物者不同。书本三十卷,由全书已亡,《隋志》故不著录,后人或得其地志一卷,遂以传世,非别有《吴地记》也。诸书引入地理,或只称《吴录》,或兼称《吴录地理志》,今故仍据以为本,并采而辑之,以列于《晋地道记》之前。"据此则知,张勃《吴录》的记述范围是三国时期吴国的统治范围,甚至可以理解为吴国史的范畴。后世苏州旧志诸如《乾隆苏州府志·艺文二》《道光苏州府志·艺文七》《同治苏州府志·艺文四》《民国吴县志·艺文考八》均有著录"张勃《吴地记》一卷",并非张勃的另一著作,只是《吴录》中记载有关吴地山水、人物和风土人情的那部分内容而已。

吴　记

此书不见著录,作者不详,仅《汉唐方志辑佚》辑录《水经注》转引四则。疑为张勃《吴地记》或顾夷《吴郡记》之省称。因没有根据,故作一书。《道光苏州府志·公署》"齐云楼"条收录宋周南《重修齐云楼记》云:"齐云楼,即飞云楼也,在子城州治后。今城楼三:南为谯楼;西为观风,又名望市;齐云直子城北,岂摘古人西北高楼之诗以名之欤?先是,韦应物诗称郡阁,白乐天始改号齐云,其后刘梦得述郡斋碧池、华阁之胜,是知今之池自唐则固其所矣。当元和间,乐天以诗人领郡,登临宴咏,落纸争传,又知当时民俗之淳简,而兹楼为中吴之杰观矣。世多传郡廨即吴故墟,缀文者袭用春申黄堂事,续志因之,然《吴越春秋》称子城十里,唐陆广微

《吴记》乃八里,不同若是……"从这则记载可知,古人可将陆广微《吴地记》简称为《吴记》,则其余《吴地记》亦可简称为《吴记》。如果不著明作者,则不知所指为哪种。

吴地记 〔晋〕环济撰

《汉唐方志辑佚》辑录《太平御览》转引一则。据张国淦《中国古方志考》,环氏疑即晋大学博士环济。《吴门补乘》据《隋志》著录为"晋环济《吴纪》九卷"。《同治苏州府志·艺文四》亦著录为《吴纪》九卷。《元和姓纂》著录晋环济撰《要略》。未见后世旧志引用。

江南故事三卷 应詹著

应詹(274—326),字思远,汝南郡南顿县(今河南项城)人。东晋时期将领、书法家,曹魏侍中应璩之孙。卒赠镇南大将军、仪同三司,谥号"烈"。著有文集三卷(一作五卷),今已佚。《吴郡志》:"应詹,性质素弘雅,以学艺文章称,由后军将军出补吴国内史。"《吴中人物志》也称:"应詹,元帝推重其才,出补吴国内史。"《道光苏州府志·名宦》:"应詹,字思远,南顿人。元帝雅重其才,出补吴国内史,以公事免。"春秋时,顿国为陈国所迫,南迁,故号南顿。西汉置县,因以为名。治所在今河南项城市南顿镇。南顿故城位于水寨西6公里。《吴门补乘》据《唐书》著录此书,不见苏州历代旧志艺文著录,《隋书·经籍志》作《汭南故事》三卷。唐代诗人李颀有《送人归汭南》。汭南是地名,位于南阳郡汭水之南。《吴门补乘》所据《唐书》著录之《江南故事》

当为《沔南故事》之误。

吴地记一卷 〔晋〕顾夷撰

顾夷,字君齐,吴郡人,官主簿。《隋书·经籍志》著录:"《吴郡记》二卷,晋本州主簿顾夷撰。"丁国钧《补晋书艺文志》著录:"《吴郡记》一卷,顾夷。"《汉唐方志辑佚》辑录《后汉书》注文二则、《文选》注文一则、《寰宇记》一则、《绍定吴郡志》三则,明确为顾夷《吴地记》。卢熊《洪武苏州府志》有引用:"莫厘山,在县西七十里。顾夷《吴地记》云'莫里山'。"又云:"顾夷《吴地记》:松江东北入海为娄江,今北门东指古娄江,则名县之义盖以此耳。'陆广微'别作嘐',未知何据?"又"娄江,一名下江,乃松江东北之支流也。见顾夷《吴地记》及《杨都赋注》。"说明在明洪武年间尚能见到此书。卢熊《洪武苏州府志》在著录"三江"时引用了《史记正义》的观点后,又云:"顾夷《吴地记》云:'顾野王《地理志》同。'"那么,此书当成书于顾野王《地理志》之后。《乾隆苏州府志》《同治苏州府志·艺文四》均著录作"《吴郡记》一卷"。《同里志序》云:"吴之地志曷昉乎?若晋顾夷《吴郡记》、唐陆广微《吴郡记》、宋李宗谔《图经》、朱长文《续记》、范成大《郡志》诸家,类多文献故家学士为之。"乃将顾夷和陆广微的《吴地记》均称作《吴郡记》。明代张瀚《松窗梦语》卷六引用了《吴郡记》云:"国朝大魁,前甲戌张信无闻;丙戌林环、戊戌李琪、庚戌林震,皆终修撰;壬戌刘俨、甲戌孙贤,终太常卿;丙戌龚用卿,终祭酒;戊戌曾彦,终侍讲;庚戌钱福、壬戌康海、丙戌罗伦、甲戌唐皋,皆修撰;丙戌杨维聪,太常卿;戊戌茅瓒,吏侍;庚戌唐汝楫,修撰;无一登台辅者。"张瀚(1510—1593),字子文,谥恭懿,仁和(今浙江杭州)人。

嘉靖十四年（1535）进士，授南京工部主事，历任庐州知府、大名知府、陕西左布政使、右副都御史、大理寺卿、刑部右侍郎等，后改在兵部任职，管理漕运方面的事务。辞归故里后，把平生所见所闻著录成《松窗梦语》8卷，记载了明代经济、社会、文化、民情风俗等方面的情况，对研究明代社会经济、商业贸易有重要参考价值。说明在万历年间，《吴郡记》尚在。

吴地记 顾彝撰

《嘉庆直隶太仓州志·兵防下》"纪兵"条载："周吴王阖庐十年，东夷侵境，吴王亲征。夷人不敢敌，收军入海，据东洲沙上。吴亦入海，逐之，据沙上，相守一月……"注云："按，姑苏等志引此皆作《吴地记》。今考陆广微《吴地记》无此文，惟见于范成大《吴郡志》，而下有'吴地记'三小字注耳。今陆《记》非足本，而《隋书·经籍志》又有顾彝《吴地记》，书亦不传，无缘考定……"据此则尚有一种顾彝《吴地记》？又《道光苏州府志·集文三》收录归有光《三江口说》云："《史记正义》曰：在苏州东三十里，名三江口。一江西南上七十里至太湖曰淞江，一江东南上七十里白蚬湖曰东江，一江东北下二百余里入海曰娄江，其分处号三江口。顾彝《吴地记》：淞江东北行七十里得三江口。庾仲初注《吴都赋》：太湖东注为淞江，行七十里有水口，流东北入海为娄江、东南入海则为东江，淞江、娄江、东江实一江耳。昔贤以此解淞江下之三江口，非以为《禹贡》之三江也。《吴郡续志》云：淞江受太湖，一自长桥流入同里犁湖瀼，由白蚬江入薛淀湖，一自甘泉桥由淞江尾东叶泽湖自急水港至白蚬江入淀湖而注之海。以《正义》《吴地记》求其所在，则淞江北行七十里分流者当在今昆山之境也。"《姑苏采风类记》在"三江口"条也转引了上述文字。明代归有光曾将此《吴地记》作为考证三江的主要依据，说明在归有光生活的时代，此书尚存。到了嘉庆年间，此书则已佚。

吴地记　董监撰

《吴郡志》收录一则云："董监《吴地记》案：《郡国志》曰：'吴山离宫在石鼓山，越王献西施于此山。山有石马，望之如人骑，南有石鼓，鸣即兵起。亦名砚石山，又有琴台在其上。'《越绝书》云：'吴人于砚石山作馆娃宫。'刘逵注《吴都赋》引杨雄《方言》云：'吴有馆娃宫，吴人呼美女为娃。'故《三都赋》云：'幸于馆娃之宫，张女乐而娱群臣。'今吴县有馆娃乡。又云：'砚石山有石城，去姑苏山十里，阖闾养越美人于此。上有两湖，湖中有莼充贡。'按，此即今灵岩山。以上皆董监所记。"《嘉靖吴邑志》云："董览《吴地记》云：'吴王离宫在石鼓山，越献西施于此，有琴台在其上。'"《吴郡志》作"董监《吴地记》"，《嘉靖吴邑志》作"董览《吴地记》"。

《汉唐方志辑佚》云："《吴地记》又《吴地志》，宋董览撰。'览'一作'监'，其里籍始末俱不详。《太平御览经史图书纲目》：董监《吴地记》。章宗源《隋书经籍志考证》：《吴地记》，卷亡，董览撰，不著录。"卢熊《洪武苏州府志》曰："董监《吴地记》引《越绝书》云：'吴于砚石山置馆娃宫。'又云：'砚石山有石城，去姑苏山十里。'又云：'砚石山亦名石鼓山，有琴台在其上。'"同时又有"董览《吴地记》"的转引，如《初学记》引董览《吴地记》：'穹崇山东两岭相趄，名曰铜领'"。显然。卢熊是将它看作两个人的两种著作的。《同治苏州府志·艺文四》著录并注云："《乾隆志》云'监'一作'览'"。《汉唐方志辑佚》辑录《御览》

转引 6 则、《初学记》转引 3 则,《万花谷后集》《至正金陵新志》《宋书·州郡志》各引 1 则。曹林娣《吴地记校注序》称:"董监《吴地记》,一称《吴地志》。"以《吴地志》为名,最早见诸引用的旧志是朱长文的《吴郡图经续记》:"寿宁万岁禅院,在长洲县东南。唐咸通中,州民盛楚等建为般若寺。至道九年,敕赐御书四十八卷。二年,改今额。《吴地志》:郡中有般若台,内有金铜像,高一丈六尺,高士戴颙所制。访之,未得其遗迹。此寺旧名般若殆是欤?"《道光苏州府志》共引用 6 则,除了上面 1 条相同外,还有关于乌目山、石城、何准宅、姑苏城隍庙等的记载。

吴地记 〔宋〕王僧虔撰

《汉唐方志辑佚》云:"《吴郡地理记》又名《吴郡地理志》,亦名《吴地记》,宋王僧虔撰。僧虔,琅邪临沂(今属山东)人,官尚书令,入齐为侍中开府仪同三司,《南齐书》有传。"《汉唐方志辑佚》辑录《御览》转引两则。《同治苏州府志》云:"王僧虔,琅邪临沂人。泰始初,以白衣兼侍中出监吴郡太守。七年,转湘州刺史。所在以宽惠称。"卢熊《洪武苏州府志》有引用,曰:"王僧虔《吴地记》云:'虎丘山绝岩耸壑,茂林深篁,为江左丘壑之表。'"《崇祯吴县志》卷五十:"陆著,字文伯。汉桓灵之间,州府交辟,不就。惟娱栖遁。将卒,戒其子弟曰:'吾少未尝官,遁世四十余年,汝等必矜义,勿苟仕浊世。'子孙奉遵遗训,故三代不仕,皆有盛名。"作为参照的资料来源注在后面,说明在明末此志尚能见到。乾隆年间,郭立方辑《苏州名胜图咏》之《虎丘山志考》也引用了王僧虔《吴地记》,除了与卢熊《苏州府志》所引相同的上述三句外,还有"吴兴太守褚渊昔尝述职路经吴境,淹留数日,登览不足,乃叹曰:'世之所称多过其实,今观虎丘逾于所闻'"一则故事,《乾隆苏州府志·艺文二》《同治苏州府志·艺文四》均著录此地记。那么,该志至少在乾隆朝还能见到。

永明吴地记 〔齐〕陆澄撰

澄(425—494),字彦渊,南朝齐吴人。好学博览,行坐眠食,手不释卷。永明中,领国子博士,为尚书令殿中郎、秘书监、度支尚书。王俭自以博闻多识,集学士何宪等盛自商略。澄待俭语毕,然后读所遗漏数百千条,皆俭所未睹,俭乃以服。当世称澄为硕学。家多坟籍,人所罕见。隆昌元年(494)以老疾转光禄大夫,加散骑常侍,未拜而卒。其所撰之书,多死后乃出。主要有《丧服》《汉书注》《杂传》《政论》《地理书钞》等。《南齐书》有传。卢熊《洪武苏州府志》屡有引用,可见明洪武间尚存。在考证海隅县和常熟之名的来历时,卢熊《洪武苏州府志》引曰:"陆澄《吴地记》云:'本吴之虞乡,孙权置虞农都尉于此。晋太康二年,改为海隅县,以其山东临沧海故也。'"又曰:"《吴地记》载:'仲雍冢在常熟海虞山。陆澄《地记》乃齐永明间所作,则齐已有常熟之名。'"可知,《吴地记》在前人引用时,可简称《地记》。同样是讨论常熟的得名时,在丘岳《琴川志序》中称:"《绍兴县宰题》名云'梁改南沙为常熟',命名之义则不知也。又问:'有《图经》可以参考否?'曰:'所志亦同。''有故老可以质问否?'曰:'无可与语者。'及观陆澄《吴地志》有吴郡常熟县之文,则齐代已有常熟之名,非改于梁也。"很明显,陆澄《吴地记》在这里被丘岳称为"陆澄《吴地志》"。在宋明清的旧志中,也屡有《吴地志》的身影。《吴郡图经续记》有引文云:"《吴地志》:'郡中有

般若台,内有金铜像,高一丈六尺,高士戴颙所制。'"《姑苏志》:
"石城,在常熟县北五里。《吴越春秋》云'夫差兴乐石城'。《吴
地志》云'越献西施于吴王,王择虞山北麓,以石甃城,为游乐之
所。'其地今有石城里。"明《续吴郡志》"琴高传"后有按语,"按
《吴地志》云:古者贤士丁法海、琴高于此地见大鲤鱼,长可丈余,
有角有足,鼓两翼而舞,琴高见其异,遂乘鲤腾飞,宛转驾空上
升,故姑苏有乘鱼桥。详见郡志。"《乾隆苏州府志》有4处引用
或提到《吴地志》:"虞山"条"乌目洞"三字后有注文"《琴川志》
《庆元志》引《山海经注》曰:隅山即乌目山。按《吴地志》,海
虞山北有乌目山。今顶山之南有乌目山,界于山有乌目洞。龚
立本《县志》:今有指城西土阜为乌目者,误也"。又:"双塔禅寺,
在城东南隅。唐咸通中,州民盛楚等建为般若寺。"注云:"《图经
续记》《吴地志》:郡中有般若台,内有金铜像,高一丈六尺,高士
戴颙所制,访之,未得其遗迹。此寺旧名般若,殆是欤?""石城,
在县北五里。《吴越春秋》:夫差兴乐石城。《吴地志》:越献西
施于吴王,王择虞山北麓,以石甃城,为游乐之所。其地今有石
城里。""姑苏城隍庙神乃春申君也。按《史记》,春申君初相楚,
后请封于江东。考烈王许之,因城故吴墟以为都邑。《吴地志》
亦云:春申君尝造蛇门以御越军。其庙食于此也固宜。"《道光
苏州府志》除了承袭上述4条外,又多了1条出处:"何准宅,在
县西二里,舍为般若台,东北有般若桥,俗云朱明寺。桥见《吴地
志》。"涉及般若台(般若寺)、石城、乌目山、琴高、城隍庙神、何
准宅等有关古迹、山水、人物等内容。

吴地记一卷 〔齐〕陆道瞻撰

《汉唐方志辑佚》辑录《御览》引文三则,并《文选》注引(《文选》注引陆道瞻《吴地记》"海盐县东北二百里有长谷。昔陆逊、陆凯居此。")、《书钞》各一则。又云:"又作《吴郡记》,齐陆道瞻撰。道瞻,里籍生平皆未详。"《太平御览经史图书纲目》著录为"陆道瞻《吴郡记》"。范成大《吴郡志》也有一则引作"陆道瞻《吴郡记》"。《通志·艺文略》作:"《吴地记》一卷,齐陆道瞻撰。"卢熊《洪武苏州府志》转引曰:"《御览》引陆道瞻《吴地记》云:'吴县华山,太康中生千叶莲华于上,故名。'"《乾隆苏州府志·艺文四》著录作"《吴郡记》一卷"。卢熊《洪武苏州府志》转引云:"《御览》引陆道瞻《吴郡记》云:'海虞县西六里有虞山,上有仲雍冢。'"这段转引《虞乡杂记》作"虞山,在海虞县西六里有虞山,上有仲雍冢。海虞即常熟也。陆道瞻《吴地记》",可见"陆道瞻《吴地记》"即"陆道瞻《吴郡记》"。《道光虞乡志略》5处引文皆作"《吴郡记》",有云:"琳按,陆道瞻《吴郡记》云:'唐武德初,移常熟县治于故海虞城,在虞山南,去山六里。'"依此推测,陆道瞻乃唐武德年间或之后在世。

吴地记 〔齐〕顾欢撰

《南齐书》有顾欢传。《吴郡志》云:"顾欢,字景怡,郡人。聪敏好学,母亡,庐墓次,遂隐遁不仕。开馆聚徒,受业者当近百人。太祖辅政,召为扬州主簿,遣中使迎欢。及践阼,乃至。欢称山谷臣。顾欢上表曰:'汤、武得势师道则祚延,秦、项忽道任势则身戮。夫

天门开阖,自古有之。四气相新,缔袭代进。今火泽易位,三灵改
宪。天树明德,对时育物,是以穷谷愚夫敢露蠡管,谨删撰《老氏
献治纲》一卷,伏愿稽古百王,不以刍荛弃言,不以人微废道。臣
自足云霞,不须禄养。陛下既远见寻求,敢不尽言? 言既尽矣,请
从此退。'武帝永明元年,诏征为太学博士,同郡顾黯为散骑郎,俱
不就。顾黯,字长孺,有隐操,与顾欢俱召,俱不赴。"卢熊《洪武
苏州府志》有引用曰:"顾欢《吴地记》云:'华山在吴城西北一百
里。'"说明此书在明初尚存世。范成大《吴郡志》引用62则《吴
地记》资料,仅5则注明作者:陆广微、董监各1则,顾夷3则;《崇
祯吴县志》引用了28处《吴地记》,只有1处明确注明是"王僧虔
《吴地记》",其余均仅作"《吴地记》"。

吴郡录

《景定建康志》卷19《川志》:"《吴郡录》曰:'江乘县有汤山,
出温泉二所,可以治疾。'"江乘县,秦置,三国吴废,晋复置,隋开
皇初又废,即今句容县等地。吴郡领有句容,约在东汉顺帝至南朝
期间。此编以"吴郡"为名,文中又称引"江乘县",推测纂修于南
朝或稍前。自《景定志》所存佚文看,语言简朴,不但记述事物的
地属、数量,而且兼及事物的作用,注重实用性。

吴郡缘海四县记

《汉唐方志辑佚》云:"又作《吴郡临海记》。撰人未详。隋末
虞世南已征引,当为南朝人氏[士]之作。"《太平御览经史图书纲
目》著录,章宗源《隋书经籍志考证》:《吴郡缘海四县记》,卷亡,

不著录。《汉唐方志辑佚》辑录《御览》转引三则《书钞》二则《文选》注文一则。范成大《吴郡志》有一则"会稽山,相传带海有此山,传有金牛,昔有兄弟三人共凿求之,坎崩同死,因以会稽为名。"后面所注出处正是"《吴郡缘海四县记》"。《琴川志注草》云:"穿山,《吴郡临海记》曰:海虞县穿山下有洞穴,昔有在海中行者,举帆从穴中过。见《御览》。"也是从《御览》转引的。《乾隆苏州府志·艺文二》著录作"《吴郡沿海四县记》"和"《吴郡缘海记》",作两书著录。

吴地记 〔隋〕虞世基撰

虞世基(?—618),字茂世,会稽余姚人。父荔,陈太子中庶子。世基幼沉静,喜愠不形于色,与弟虞世南同师事顾野王。博学工书法,善作诗赋。任陈为尚书左丞。入隋,初为通直郎。炀帝时,以文学见知,位至内史侍郎,典机密,参与朝政。谭钧培《重修苏州府志序》称:"吴中旧志,自吴平《越绝书》、赵晔《春秋》而后,若张勃、顾夷、陆道瞻、王僧虔、董监、虞世基诸家所记详已,惜久佚。"显然虞世基曾经编纂过一种"吴中旧志"。因为张勃、顾夷、陆道瞻、王僧虔、董监都编过一本叫《吴地记》的吴中旧志,故此推测虞世基所编也为同名。宋濂所作《洪武苏州府志序》云:"自《吴越春秋》《越绝书》以下,若晋张勃、顾夷,隋虞世基,唐陆广微等所述,及《元和郡县志》《寰宇记》各有所明,迨宋之时,罗处约有《图经》、朱长文有《续记》,范成大、赵与𥱈皆撰类成书,厥后有章憝者,病其未完,作《吴事类补》。宋亡,书颇散轶……"也提到虞世基是有类似于顾夷、陆广微的著作的,可能因为宋亡而散轶了。

吴地记 〔唐〕颜真卿撰

据《汉唐方志辑佚》著录："真卿，字清臣，万年（今陕西西安南）人。尝官湖州刺史、宪部尚书、尚书右丞。著名书法家。此书不见著录。"并有转引自《路史·疏仡纪》注例证一条云："乌程有颛顼陵。"苏州历代旧志不见引用和著录。顾湄《康熙虎丘山志》云"真卿书'虎丘剑池'四字石刻犹存"，迄今为吴中第一名胜虎丘的一大景观。《姑苏志》载："萧存，字伯诚……李栖筠表为常熟主簿。颜真卿在湖州，与存及陆鸿渐等撰韵书数百篇。建中初，由殿中侍御史四迁比部郎中。"又云"颜颢，琅邪人，鲁公真卿之子也，为常熟尉；弟顿，字仁纯，为吴县簿。子孙遂家于吴。"说明颜真卿在湖州为官时，经常来苏州，与苏州的官员和文人赋诗作文，原因可能是他的弟弟颜顿在吴县任主簿、儿子颜颢任常熟尉。也许因为常来苏州的缘故，对苏州（吴地）比较了解，写过《吴地记》一类的书籍，只是没有传下来吧。

苏州记

《太平寰宇记》卷91《江南东道·苏州·洞庭山》："按，《苏州记》云：'山出美茶，岁为入贡。'"《至正金陵新志》卷4《疆域志·坊里·子游里》："《苏州记》曰：'周文学科孔子弟子言偃宅在常熟县。'"编纂人及年代不详。章宗源《隋书经籍志考证》以之入隋，姚振宗《隋书经籍志考证》"陆澄《地记》"条下作唐人书，未详孰是。考苏州之名始于隋，是此书不得早于隋。此书之名最早见于《太平寰宇记》《太平御览》，二书皆成于宋初，是此书不得晚于后周。佚于何时不考。今《太平寰宇记》《太平御览》《至正金陵新志》之外，《绍定吴郡志》亦存有佚文"言偃宅，《苏州记》云在常熟县西"。《琴川志注草》云："《苏州记》云：言偃宅，在县治西北。《寰宇记》引《苏州记》云：在县西一百步。"诸书所存佚文，顾雍宅 1 条、洞庭山 1 条、梅澳湖 1 条 2 见、言偃宅（子游宅）1 条凡 4 出，内容涉及山、水、古迹、名胜等方面。

姑苏志

王象之《舆地纪胜》卷 5《两浙西路·平江府·府沿革》"分置长洲军"下注"《姑苏志》在乾元二年"；"寻废"下注"《姑苏志》在大历五年"。乾元为唐肃宗年号，乾元二年为公元 759 年。大历为唐代宗年号，大历五年为公元 770 年。是此志纂于大历之后。《舆地纪胜》约成于南宋理宗宝庆三年（1227），所记建置以宝庆之前为准，知此志纂于宝庆之前。姑苏，今苏州市之别称。书中记述的地域范围，应与后代苏州府的政区大体相当。

删治吴地记 张搏撰

《姑苏志》云："张搏，自湖州刺史移苏州，辟陆龟蒙以自佐，种木兰于木兰堂，重修罗城，删治吴地记，并绘郡图。按，《旧唐书》作乾符二年二月自湖移庐州。又《淝上英雄录》云：杨行密微时，随本兵都押衙统兵送搏赴苏州任，屯兵吴苑。据此，则自庐移苏也未审孰是？"从上述行文看，张搏当了苏州刺史后，主要干了几件事，提拔重用陆龟蒙，在木兰堂种植木兰，重修罗城，删治吴地记，绘郡图。"删治"二字与前文的"辟""种""修"一样,完全可以理解为动词,类似于"删改"。由于唐代之前传世的《吴地记》有多种,为了"以正视听",作为地方长官的职责,领衔改定一个版本是顺理成章的事。因而,张搏"主修"的书还是应该叫《吴地记》。如果书名叫"《删治吴地记》"的话,不可能在宋元明清的志稿中见不到一处引用的。也许历代旧志中引用的不表明作者的"《吴地记》",就是这个"删治"本。到了《乾隆苏州府志·艺文二》始将"《删治吴地记》"作为张搏的著作著录,后面的府县志均承袭此说。

吴郡志

《元丰吴郡图经续记》卷上《人物》:"其在江左,世多显人,或以相业,或以儒术,或以德义,或以文词,已著于旧志矣。"《舆地纪胜》卷5《平江府·景物下》也曾引用旧志。按,《舆地纪胜》引书例,凡引范成大《绍定吴郡志》称"新志",引此书称"旧志",知此与范成大《绍定吴郡志》别为一书。朱长文《吴郡图经续记》修于宋元丰七年(1084),此为朱《志》所引,当早于元丰七年。明李诩《续吴郡志》有引文三则"玄妙观,在府城真庆坊北。晋时号真卿道院,唐为开元宫,宋为天庆观,元元贞元年始改今名。详见旧志。""灵祐观,在洞庭西山。唐乾符二年建。详见旧志。""蔡经家,在朱明寺西。旧志古迹门引《吴地记》言在朱明寺西。"《舆地纪胜》《吴郡图经续记》今存佚文,内容涉及古迹、人物等,语言朴素简洁。

吴郡续志

《元丰吴郡图经续记》卷下《汉梁鸿墓》:"《续志》云:'今闻

门南城内有古冢二,相传为要离、梁鸿墓。'"同卷《汉豫州刺史孙坚及其妻吴夫人、会稽太守策之坟》:"《续志》云:'魏吴纲立孙坚庙,在县东北;孙策祠在县南。'"编纂人及编纂年代不考。朱长文《元丰吴郡图经续记》修于北宋元丰七年(1084),此为《元丰吴郡图经续记》所引,成书当早于元丰。《洪武苏州府志·牧守题名》载:"邵饰,字去华,丹阳人。尚书考功郎中,自知宣州,未满岁,改苏,甫三月,又改明州,遂引年。按,皇祐四年九月,以金部郎中知宣州。《续志》:在至和元年知苏州。""至和元年"是1054年,据书名推测,此书成书于1054年之后、1084年之前,似为《吴郡志》的续志。朱长文《元丰吴郡图经续记》所存佚文,内容均为冢墓,属古迹类。由《吴郡志》佚文分析,此志内容至少还应包括人物。从后面志书的引文看,应该还涉及桥、水、山、园林、人物、祠庙等方面。《洪武苏州府志》云:"陆侍郎桥,《续志》云:郡人陆庆所居,陈天嘉中召为散骑侍郎,不就。"又云:"《续志》云:南园昔甚广袤,异木奇石,多为朱勔取进,独一松盘根,大不可移而止。"《道光苏州府志·集文三》收录归有光《三江口说》,在考证"三江口"时,除了引用《史记正义》作为依据外,还转引《吴郡续志》云:"淞江受太湖,一自长桥流入同里犁湖瀼,由白蚬江入薛淀湖,一自甘泉桥由淞江尾东叶泽湖自急水港至白蚬江入淀湖而注之海。"并以此得出结论:"以《正义》《吴地记》求其所在,则淞江北行七十里分流者当在今昆山之境也。"《崇祯吴县志·祠庙下》载:"吴妃庙,在东洞庭之三山。《吴郡续志》有吴太姥,疑即是其神。与建置并无考。"《崇祯常熟县志·先贤考》"巫咸父子"条云:"按,《越绝书》云:虞山者,巫咸所出也。《史记正义》云:巫咸,殷贤臣也,本吴人,家住苏州常熟海隅山上。子贤,亦葬此也。《吴郡续志》云:海巫(邑名),谓巫咸、巫贤所居也。"说明在崇祯年间,此书尚存。

吴郡图经

《大明一统志》卷8《苏州府·风俗》：“《旧图经》：‘泰伯逊天下，季札辞一国，德之所化者远矣，更历晋汉以来，风俗清美。’”《绍定吴郡志》序云：“《旧图经》芜漫失考，朱公（长文）虽重作，亦略。”《绍定吴郡志》《宝祐琴川志》也屡屡引用“《旧图经》”。《绍定吴郡志》云：“姑苏台，在姑苏山，《旧图经》云在吴县西三十里，《续图经》云三十五里，一名姑苏，一名姑余。”又云：“外冈、青冈、五家冈、蒲冈、涂菘冈、徘徊冈、福山冈，《旧图经》云并在吴县界。今次第考之，上之四冈属昆山，下三冈属常熟，言其地则与吴县大相辽绝。”《宝祐琴川志》云：“文学桥，在县东北百五十步，旧名言偃桥，俗呼醋库桥。按《旧图经》，言偃桥在县东一百五十步，文学桥在县东北一里，而前志并二桥为一，未知何故？”《至正昆山郡志》云：“淳熙间，华亭县居民浚河得一碑，云天宝六载黄池县令朱氏葬于昆山县全吴乡孔子宅之西南。今孔宅乃在华亭七十五里海隅乡，今其地有孔子庙在惠日寺侧。淳熙间，寺疏陕渠，得宝玉凡六事：三璧、二环、一簪，今藏之县庠。《旧图经》云，昔有姓孔者游吴，居此。华亭元属昆山，岂古全吴乡广于今耶？今昆山全吴乡无所谓孔宅者。”《正德姑苏志》云：“吴、长两县巡检廨舍，在阊门外西北浒墅，去县二十七里。见《旧图经》。”又“巫咸宅，按《越绝书》《旧图经》皆云，虞山，巫咸所居。”《同治苏州府志》云：“夷亭，《吴地记》：阖闾十年，东夷侵逼吴境，下营于此，因名之。案《旧图经》，夷亭，古馆名也。”《舆地纪胜》《元丰吴郡图经续记》等书引用时又往往称作“《旧经》”。如《元丰续记》卷下《碑碣·朱氏墓碣》：“在吴县西穹窿山傍。俗传云买臣之墓,非也。按,《旧经》云'买臣冢在嘉兴县界',不在此也。"编纂人未详。此书先于《元丰吴郡图经续记》,是成书早于北宋元丰七年(1084)。诸书所存佚文,南徐、六十坊、虎丘山、崇德山、永安山、范山、外岗、尚湖、文学桥、灵宝经、养鱼城、姑苏台、澹台湖、长洲苑、福臻禅院、净惠禅院、惠日禅院、徐偃王庙、风俗清美各1则,内容涉及建置沿革、坊市、户口、租税、山水、桥梁、名胜古迹、寺庙、碑刻、风俗等方面。按,《大明一统志》成于天顺五年(1461),在引用诸书中最为晚出,所引又不见于他书,推测此图经明代天顺时尚未全佚。

景德苏州图经六卷 〔北宋〕李宗谔等纂

李宗谔(964—1012),字昌武,北宋饶阳人。七岁能属文,由乡举第进士,真宗时累拜右谏议大夫,历翰林学士。风流儒雅,藏书万卷。内行淳至,又好接待士类,奖拔后进。工隶书,有《文集》60卷、《内外制》30卷,曾与修《太祖实录》《续通典》及《家传类录》等,并传于世。陈振孙《直斋书录解题》卷8:"《苏州图经》六卷,翰林学士饶阳李宗谔昌武等撰。景德四年,诏以四方郡县所上图经,刊修校定为一千五百六十六卷,以大中祥符四年颁下。今皆散亡,馆中仅存九十八卷。余家所有,惟苏、越、黄三州刻本耳。"是此图经修于北宋真宗景德四年(1007)或略前,后经朝廷校订,于大中祥符四年(1011)曾经刊刻。后世著录多作《祥符图经》。卢熊《洪武苏州府志》云:"《祥符图经》云:'陆羽泉,羽字鸿渐,尝烹茶于此,言天下之水第三也。'"《同治苏州府志》之谭钧培《序》云:"李宗谔《祥符图经》,在宋已亡。"叶昌炽《藏书纪事诗》卷三"李如一贯之"条中引王士禛《池北偶

谈》："《南唐书》今止传陆游、马令二本，胡恢书久不传，惟江阴
赤岸李氏有之。李即忠毅公应升之叔，忘其名矣。"昌炽案："即
贯之先生也。实为忠毅公之伯父。余见其《得月楼书目》，又
有……李宗谔《苏州图经》六卷、赵抃《成都古今记》十卷，皆世
所不传之本。"这说明在明朝万历年间，江阴李氏还藏有此书，至
于是刻本还是钞本，就不得而知了。陈彬和《中国书史》也说："江
阴李鹗翀，字如一，别字贯之，多识古文奇字，晚年和虞山钱谦益
很要好，因为两人都有爱书癖性，可惜他得月楼的书在乙酉国变
的时候（1645）都散失了。"《崇祯吴县志》"吴县学"收录郑元祐
《吴县儒学门铭》一文提到"若吴县学，按李宗谔《图经》云：'文
宣王庙在县廨东南今三皇庙，故县治也。'绍定初，知县赵善瀚始
建学于郡城西南之宾兴坊，去姑苏驿不百步，其废置迁易概可考
矣。"在考订吴县学的位置时，是以李宗谔《图经》作为依据的。
今《舆地纪胜》《元丰吴郡图经续记》《乾道临安志》《绍熙云间
志》《绍定吴郡志》《淳祐琴川志》等书均存有佚文。佚文内容涉
及建置沿革、疆域、职官、山水、园第、人物、古迹、寺观等。其中
《绍熙云间志》卷上《古迹》无题序称："景祐间，侍读唐公询为
邑，尝按《旧经》为《十咏》，今《祥符图经》反不及焉，毋乃唐所
取有别本耶？《祥符》所记疏略甚矣！间有一二可取。今合二家
书，参之传记，以补其遗。"批评此书疏略，并透露了书中可观之
处已为《云间志》收录的信息。此书今有张国淦"蒲圻张氏大典
辑本"。

〔吴郡〕古图经

《淳祐玉峰志》卷上《城社》："按，《古图经》云：'县故有城，

在东南三百步。'"同卷《户口》及《绍定吴郡志》卷9《古迹·昆山》也引有《古图经》。按,《玉峰志》户口所存佚文"祥符间户口",系转引《祥符图经》者,此不称《祥符图经》而曰《古图经》,是成书在祥符之后。《中国古方志考》云:"淳祐距祥符近二百三十年,在当时亦可曰古也。"范成大《吴郡志》修于绍熙三年(1192),此为范《志》所引,当早于绍熙初。《姑苏采风类记·昆山县》云:"《古图经》云'县故有城',然湮废已久。宋时娄县村犹有城基,其田尚有城里田之称,墟落间以城名者十二,今可至者惟东城、武城、金城、度城、西鹿城、巴城、雉城耳,又有颜县城、瓦浦城,并《古经》所载,皆莫详其处。"说明"《古图经》"还可以简称"《古经》"。《淳祐玉峰志》称:"掌仪边君尤鏖于搜访,遂相与编次,期年乃成,本《古经》《郡志》所附,而益以耳闻目见之可考者。"说边实在编纂《淳祐玉峰志》时,将《古经》和《郡志》中所附有关昆山的内容,加上亲自采访所得,形成了此志。今《绍定吴郡志》《淳祐玉峰志》所引内容涉及山、古迹、户口,语言简略。

〔吴〕郡图经

此书见于《宝祐琴川志》。该书卷2《乡都》、卷10《冢墓》《宫观》、卷12《役》凡引此图经4则,内容为乡里、赋役、古迹、寺观、碑刻。其《叙县·乡都·九乡五十都》称:"按,《郡图经》:'旧十二乡,有太平、欲行、升平三乡。'"政区记至乡,可谓翔实。《叙祠·冢墓·周章墓》称:"按,《郡图经》:'周章,阖闾长子,墓在海虞山上。'"语言也颇简洁。

〔宋〕平江府五县正图经二卷

《宋史·艺文志》:"《平江府五县正图经》:二卷,不知作者。"编纂的确切年月亦未详。按《舆地纪胜》卷5:"平江府:政和三年升平江府,旧领县五,后又分昆山置嘉定县,凡领县六。"《宋史·地理志》:"嘉定:嘉定十年析昆山县置。"此曰平江府五县,成书当在北宋徽宗政和三年(1113)至南宋宁宗嘉定十年(1217)之间。记述地域范围为平江五县。五县者,吴县、长洲(唐万岁通天元年从吴县分出)、昆山、常熟、吴江。《同治苏州府志·艺文四》著录为"《平江府五郡正图经》"。

政和(平江)府图

范成大《绍定吴郡志》卷3《城廓·开胥蛇门议》:"政和修城,于诸故门虽已塞,然皆刻石于右以识。今刻石俱存,但袭《府图》之误,以蛇门为赤门尔。"该书卷17《桥梁·城门外》也引有《府图》内容。据"政和修城""刻石""袭《府图》",知《府图》纂于政和修城之前。又,平江(今苏州)由军升府也在政和期间,时当政和三年(1113)。此以"府图"题名,推测当纂于政和元年至三年。由范《志》看,此图经舛误似不在少数。《正德姑苏志》云:"赤门,以南面属火方,故名。今南城下有大沟,外濠之水从此入祝桥以出燕家桥,即赤门水道也。《祥符图经》云:'赤门外有澹台湖。'今盘、葑二门间有赤门湾。《府图》指蛇为赤者。误。"《民国吴县志》:"州钤厅,宋刻《平江府图》作钤辖厅,在子城南状元坊内。"又"巡辖司,在子城后桥西。见《平江府图》。使马院,在子城内西偏路分厅、签判厅之间。南省马院,在子城内西偏签判厅南。此省马院在子城内西偏府西楼南。以上三则均见宋刻《平江府图》"又:"监酒厅,在子城南状元坊,即州钤厅对面。见《平江府图》。《吴地后记》有都酒务,在子城南二十步,疑即此。"据此推出,《府图》乃《平江府图》的简称,即《宋平江图》。

平江府志

《永乐大典》卷 2267《六模·湖·鹿湖》:"《平江府志》:'《舆地纪胜》:"《东汉志》:'吴县下有鹿湖。'"按,北宋太平兴国三年(978)立平江军,政和三年(1113)升为平江府,此题"平江府志",当在政和三年以后。又,《舆地纪胜》成于理宗宝庆三年(1227),《永乐大典》所存佚文系转引《舆地纪胜》,则此志成于宝庆三年以前。《中国古方志考》作"平江志",并称有"蒲圻张氏大典辑本","大典此引,别无可证"。

嘉熙续吴郡志五十卷 〔南宋〕赵与鏎撰

《民国吴县志·艺文考八》著录,且注云:"见徐大焯《烬余录》。"与鏎,字德渊,处州人,宋太祖 10 世孙。嘉定进士,累官淮浙发运使、中奉大夫直敷文阁,南宋理宗嘉熙三年(1239)来任平江知府。《洪武苏州府志》之宋濂《序》:"纪载于简册者……迨宋之时,罗处约有《图经》,朱长文有《续记》,范成大、赵与鏎皆撰类成书。"按,赵与鏎嘉熙三年四月知平江,淳祐元年(1241)二月除中书门下省检正诸房公事,由史宅之继任,在任不足二年。又据《乾隆苏州府志》记载:"宝祐三年,以观文殿学士再守郡,行乡饮射礼于学宫,复修饰殿堂、斋庐,广弦诵以严教养,学官弟子为立生祠。明年,兼提刑。六年,除江东安抚使,知建康府。景定初,再知平江,丐祠。"与䕫先后三任平江知府:首次嘉熙三年为1239年,第二次宝祐三年为1255年,第三次景定初。《烬余录》有云:"赵公与䕫再任郡守,始就原书外续辑五十卷,事未竟,以迁任去。及三任吴郡,知都人士犹以为嫌,尚未付梓,适即丐祠,遂持稿去。郡人章某先就两志之遗,作《吴志类补》十三卷,亦为携去。"故推断此志纂于宝祐三年至景定年间。以上限嘉熙三年计,当时距离范成大《绍定吴郡志》仅10余年;如以下限即景定年间计,距离范成大《绍定吴郡志》已30余年。傅增湘《藏园记》亦云:"考吴门地志,以范石湖所撰《吴郡志》为最有名。其后赵节斋之《续志》、章恝之《吴事类补》相继而起。元总管赵凤仪尝事集录,其书未成。"故又推测此志为《绍定吴郡志》的续志。

吴志类补十三卷 〔宋〕章恝纂

《宣统吴县志》据徐大焯《烬余录》云:"《吴志类补》十三卷。"《洪武苏州府志》之宋濂《序》云:"迨宋之时,罗处约有《图经》,朱长文有《续记》,范成大、赵与䕫皆撰类成书。厥后有章恝者,病其未完,作《吴事类补》。宋亡,书颇散轶……"《同治苏州府志·艺文四》"吴中故实"著录了两处"章恝"的著作,既在"郡县"中著录"章恝,《吴事类编》(见卢熊志序)",又在"纪载"中著录"章恝,《吴事类补》(见卢熊志序)"。所根据的出处又同是"见卢熊志序"。显然,《同治苏州府志》的编著者在资料汇集过程中将此书误作"《吴事类编》",总纂时没有发现并更正,最后将它误作另一种书了，而且分别列入不同的类目。加上徐大焯《烬余录》所记"《吴志类补》十三卷"，可知该志曾经一书三名。宋亡后，书即散佚了。章惎，字季明，宋吴县人。父甫，字端叔，熙宁三年（1070）进士，官至都官郎中。兄宪，字叔度。乐道好德，乡里谓之隐君子。其家藏书万卷，雠校精密，兄弟二人俱受学吴江王蘋，游于杨时、朱震、吕本中诸公间。《烬余录》云："赵公与𥶶再任郡守，始就原书外续辑五十卷，事未竟，以迁任去。及三任吴郡，知都人士犹以为嫌，尚未付梓，适即丐祠，遂持稿去。郡人章某先就两志之遗，作《吴志类补》十三卷，亦为携去。"可见，《吴志类补》是补范成大《吴郡志》和赵与𥶶《续吴郡志》的。该志连同《续吴郡志》被三任郡守赵与𥶶离任时带走。此书系对于范成大《绍定吴郡志》、赵与𥶶《续吴郡志》的拾遗补阙，记述范围当与《绍定吴郡志》一样为苏州府。

石湖日录 〔宋〕范成大撰

《乾隆苏州府志·艺文二》《道光苏州府志·艺文七》《同治苏州府志·艺文四》《民国吴县志·艺文考八》著录，但不见旧志引用。

苏州志 〔明〕殷奎撰

《光绪昆新两县续修合志》卷49《著述目上》著录。《嘉靖昆山县志》卷十《人物一》记载："殷奎，字孝章，笃志古学，于六经无不考。有司聘训导儒学，邑中褒贤纪功、立祠表墓系名教者，皆奎所建白。洪武中，以荐例授郡县职，因母老力辞，调咸阳教谕，尽心教事。在任四年，念其母不置，郁郁而死。卢熊谓其：'处家为孝子，

饬身为名士,典教为良师.'陈潜夫谓其学行:'出处死生,可谓莹
然无瑕者也.'门人私谥曰文懿先生.所著《道统图绪》《家祭仪》
《昆山志》《咸阳志》《关中名胜集》《娄曲丛稿》《支离稿》《渭城寐
语》,总若干卷."殷奎(1331—1376),成年后主要生活在明洪武
年间,所著《苏州志》当也在此期间.与卢熊《洪武苏州府志》是
否有关? 卢熊(1331—1380)与殷奎同龄,也是元末明初昆山人,
少从杨维桢学.殷奎也学《春秋》于杨维桢,可见殷奎与卢熊还是
同学.也许是与卢熊"合伙"编辑了《洪武苏州府志》,或者是卢
熊《洪武苏州府志》的"帮工".因为同乡、同龄、同学的两个人各
自编写一部同名的志书是很不现实的事情.

姑苏志 〔明〕浦应祥纂

《稀见地方志提要》称:"郡志以姑苏名者,始于明成化时浦应
祥纂《姑苏志》."今《正德姑苏志》前面"修志名氏"是"资善大夫、
礼部尚书吴宽,嘉议大夫、吏部右侍郎王鏊","同修"7人,分别是
奉议大夫、福建按察司佥事杜启,乡贡进士浦应祥,乡贡进士祝允
明,苏州府学生蔡羽,长洲县儒士文壁,长洲县儒士朱存理,长洲县
儒士邢参,浦应祥位列"同修"第二人,应该出力不小,也许与吴宽
一样早岁曾经编过同名志书,王鏊采用"拿来主义"的办法,直接
将之变成《正德姑苏志》的组成部分,同时出于"知识产权"考虑,
将吴宽、浦应祥纳入"主创人员"中.在《崇祯吴县志》中引用了
10多则浦应祥《人物传》或作《人物志》的内容.《康熙吴县志·杜
启传》称:"知府林世远修《苏志》,王文恪公鏊主裁,启与朱存理、
浦应祥笔识居多."由此看来,浦应祥纂《成化姑苏志》之所以不
传,是因为有了包括《成化姑苏志》内容在内的更为全面的《正德

姑苏志》取而代之的缘故。《乾隆苏州府志》记载："浦应祥,字有征,为诸生,有文誉。成化丁酉举于乡,历高州同知。王鏊修《姑苏志》,应祥多所撰述。"

〔成化〕姑苏郡邑志稿一百卷

〔明〕丘霁修,〔明〕刘昌、杜琼、陈颀、陈璚、李应祯、贺甫纂

《明史·艺文志》著录作《苏州续志》,《民国吴县志·艺文考八》著录同。《同治苏州府志》卷150《旧序》有刘昌《姑苏郡邑志序》,载其修纂经过。成化中,知府丘霁聘邑人刘昌、李应祯等修。昌(1424—1480),《吴邑志》云:"刘昌,钦谟,南濠里人。正统元年,年方弱冠,举南畿解元。明年,以会魁登科,为文赡丽,诗宗盛唐,一时称为名家。景泰中,官水曹,尝预内阁纂修。天顺元年,罢还南都,官至广东参政。卒。所著有《中州文表》《河南志》《姑苏志》《文集》等书。"则该书亦称"《姑苏志》"。《列朝诗集小传》作"《苏州续志》"。琼(1396—1474),字用嘉,自号鹿冠道人、东原耕者,明吴县人。少从陈继学。景泰五年(1454),受聘辑郡事,备修舆地志。成化十年(1474)与修郡志。是年卒。其居近朱长文乐圃,东有原,故学者称其为东原先生。工书画,诗文古雅。著有《纪善录》《东原集》等。颀(1414—1483),《姑苏志》云:"字永之,长洲人。景泰中,以春秋领乡荐,授开封府武阳县学训导。未几,致仕归。卒。颀博学工古文,而清修介特,人莫敢犯。虽位止校官,而誉望特重。其文典赡有法,好论议,而必根于理。所著有适楚、游梁诸录,《洪都纪行》《味芝集》,别有纪事之书曰《闲中今古》。"璚(1440—1506),字玉汝,号成斋,明长洲陈湖人。成化十年(1474)在里预纂郡志100卷。十四年进士,选庶吉士。历官兵科给事中、南京左

金都御史、迁南京左副都御史等。善古文辞,不屑为腐俗语,尤工诗。《明史》有传。应祯(1431—1493),《姑苏志》云:"名甡,以字行,晚更字贞伯,长洲人。世医家,隶南京太医院籍。应祯生于京邸,自少警敏。景泰癸酉,领乡举,入太学。时有中贵欲致为塾师者,诣斋舍以请,应祯固拒之。选授中书舍人,直文华殿。同官多由他途以进,耻与为伍,乞改教官补外,不许。庆成宴,中书舍人坐给事中御史下,应祯奏非旧制。尝以例写佛经,应祯上言:"臣闻为天下国家有《九经》,不闻所谓佛经也。臣实不能写。"言甚讦直,人皆危之,上不之罪。秩满,升南京兵部武选司员外郎,历职方司郎中、南京尚宝司卿,再升南京太仆寺少卿。应祯好古博学,篆楷俱入品格。文词简健,喜面折人过,人多畏之。卒之日,无以为敛,友人文林、史鉴辈为营地以葬焉。"甫(1415—1490),字美之。明吴县人。其先自蜀徙吴。父承宗,隐居教授,通五行家言。甫刚明介特,有通变之才。持邦人风俗者数十年。著有《感楼诗集》。据《正德姑苏志》之王鏊《序》,知书未刊行。

〔弘治〕苏州志

〔明〕史简、曹凤修,〔明〕吴宽、张习、都穆撰

史简,洛阳人,弘治三年(1490)以监察御史升任苏州知府。十年,以忧去。曹凤,新蔡人,弘治十年以监察御史升任苏州知府。十二年,升山西布政司参政。吴宽(1435—1504),字原博,号匏庵,明长洲人。成化六年(1470),会试、廷试皆第一,授修撰,预修《宪宗实录》,官至礼部尚书。卒于官,谥文定。于书无所不读,作诗文有典则,最好东坡,字亦似之。著有《皇朝平吴录》《吴文定公诗稿》《匏翁家藏集》等。《姑苏志》云:"张习,字企翱,吴县人。成

化己丑进士,授礼部主事,历员外郎,出为广东提学佥事。习喜为古文词,尤喜搜茸郡中遗文故实,一时号为博雅。前辈文集多所梓行。尝纂《苏州志》,未成而卒。"可见此乃"未成书"稿,后来成为《正德姑苏志》的基础稿。《崇祯吴县志》收录张习撰《重建越城桥记》《韩蕲王庙记》《定光寺兴造记》3篇文章。都穆(1459—1526),字玄敬,明吴县人。7岁能诗,泛览群籍,教授南濠20年。弘治十二年(1499)进士,授工部主事。正德元年(1506),改官南京。三年,任北京吏部郎中。曾奉使秦川,访其山川形势、故宫遗壤,皆形诸文字。著有《使西日记》《太仓州志》《练川图记》《游名山记》《铁网珊瑚》《金薤琳琅》《工部器皿志》《南濠诗略》《南濠文略》《吴下冢墓遗文》等。

郡邑纂类 〔明〕伊乘撰

《崇祯吴县志》云:"伊乘,字德载,溥子。乘性颖好学,闻杨文懿守址邃于易,千里从游。文懿尝咏玉以美之。成化乙酉,隶上元籍乡举,肄业太学。祭酒王文肃翱亟加叹赏。戊戌,登进士,授南京刑部主事,进员外郎。居官操切不苟,纵弛而持法甚平,审画敏辨,尚书张瑄特委重之。凡奏大狱,必属乘裁正。在部十年称职,擢四川佥事。简县盗屈永朋诬引邹子琴一家八人同劫,被劫者亦憾邹,故为蜚语动乘,乘卒论出之曰:'吾岂以嫌疑杀人耶?'蓬溪张立仁被劫,诬邻萧倅爵而以斧致其家为赃,又株系数十人。乘钩摭得隐,并倅爵尽释之,而坐张以诬。盐亭何氏女与亲王氏争薪坠崖死,县坐王殴杀律,乘改过失杀。又简县豪张氏三人与郭氏争田,共殴郭妻死,莫知主名,乘一讯得之。安县田敖殴死姚明,谬云伤左额,期与伤创不合,为翻案地。乘穷证佐得所伤要害在右,验之果然。宪长凡有要囚不决,辄就乘鞫即白。弘治戊申大旱,下令发仓廪,活饥民数十万。遂宁剧盗董传与王仕学等聚劫。乘廉得安岳孔万古者,族多死士,善击刺,因召万古谕以大义,更檄兵搜剿,贼皆成擒,传等减邻盗望风解散。秩满,念父年高,乞终养归里,卜居委巷,日以瀫瀨娱亲者十五年。父考终而乘亦坚卧不起。构丈室,手一编自适。兴至,或乘小舟徜徉山水,卒年七十六。乘平生嗜学,至老不倦。所著诗文有古作者风,其他编辑《广隽李杜诗句图》《学古次第》《郡邑纂类》《六书考》《音韵指掌》《史学撮要》及《皇明风雅》等集,皆传世。"《乾隆苏州府志》《民国吴县志·艺文考八》著录,不见后世志书引用,具体内容不详。

苏志补遗 〔明〕王世贞撰

《千顷堂书目》卷5有著录。世贞(1526—1590),字元美,号凤洲,又号弇州山人,明太仓人。嘉靖二十六年(1547)进士,授刑部主事,累官刑部右侍郎、南京刑部尚书。主文坛20年,为"后七子"之首。《明史》有传。著有《弇州山人题跋》《弇州山人四部稿》《艺苑卮言》等大量著作。《吴门补乘》3次提到所著《苏志备遗》:其一《吴门补乘跋》云:"昔太仓王弇州有《苏志备遗》。"其二《吴门补乘·凡例》"一是书补录郡城三邑故实,他邑未之及焉,故曰吴门补乘,视王元美《苏志备遗》统纪一府者不同"。其三《吴门补乘·艺文补》"明王世贞《苏志备遗》"。《道光苏州府志·艺文七》著录"《苏志备遗》,王世贞,太仓人"。可能是一书二名。

苏志备遗 〔明〕陈仁锡撰

仁锡（1579—1634），字明卿，号芝台，明长洲人。天启二年（1622），以殿试第三人授翰林编修。究心经世之学，多所论著。累官至南京国子祭酒。《明史》有传。《乾隆苏州府志》有 2 处提及《苏志备遗》，其一为周如斗传，不注明作者；其二记载嘉靖三十四年五月的抗倭事件，引用的是"陈仁锡《苏志备遗》"，其文云："五月初九日，贼自娄门至阊门，分两队，一队由木渎、胥口入太湖。十六日，劫西山。明日，劫东山，转至武山、厥里、渡口杀掠，死者无算。一队自阊门至浒墅，由望亭经南塘抵漕湖。十八日，掠荡口。二十一日，自冶长泾往常熟，县令王铁御之，遂遇害。"《太湖备考》3 处引用，均明确为"陈仁锡《苏志备遗》"：其一是"引用书目"中罗列；其二是记述倭寇之事后面的注文，"五月，倭入太湖，劫洞庭两山，一艐为团长徐术等所截，自黄茅门从漫山而下，向常州境去；一艐为耆民周瓒等所逐，至独山，转战三四十合，往无锡境去。（郑若曾《江南经略》）"此正文之后又加按语："按，陈仁锡《苏志备遗》：五月初九日，贼自娄门至阊门……"其三"五贞妇，嘉靖癸丑，倭至洞庭东山周湾……"，亦引陈仁锡《苏志备遗》作证。其实，诸旧志中所记只涉及周如斗传和嘉靖三十四年五月的抗倭事件。

姑苏志补遗 〔明〕蔡昂撰

《千顷堂书目》有著录，《乾隆苏州府志》亦著录，且注云："本姓顾，字惟中，长洲人。"《吴门岁华纪丽自序》云："若张勃《吴录》、陆广微《吴地记》、龚明之《中吴纪闻》、陆友仁《吴中旧事》、范石湖《吴郡志》、王鏊《姑苏志》、顾惟仲《姑苏补遗》等书,皆以吴人纪吴事,其于山川风土言之綦详。"《吴门岁华纪丽》即《吴郡岁华纪丽》。《乾隆苏州府志·人物九》云:"蔡昂,字惟中,本姓顾。其曾祖少孤,从母适蔡,遂袭蔡姓。昂少孤贫,通经学,尤精法律。成化甲辰,以诸生贡入南雍,寻历南大理寺。有盗发牛首山麓秦桧墓,捕得,法司议大辟,昂独建议:'桧罪通于天,今墓被盗发,殆天降之罚耳!请从末减。'寺卿韪之。昂由此知名。以明法除九江府推官,多雪冤狱。久之,谢归,于宅西种蔬自给,自称西圃老翁。尝创修《郡学志》四卷,以《姑苏志》尚有牴漏,作《补遗》以贻王鏊。虽老著述不倦。卒年八十八。"《吴门补乘跋》云:"昔太仓王弇州有《苏志备遗》,长洲顾惟中氏有《姑苏志补遗》,二书与王文恪公旧志相辅而行,(网)罗放失,备考证也。"说明在正德年间上述二书尚存世。

苏州府志四十六卷 〔明〕卢雍撰

《乾隆苏州府志》著录。《民国吴县志·艺文考八》著录云:"前府志作'卢熊',误。"雍(1474—1521),字师邵,号古园,吴县横金人。少嗜学,受知于吴宽、王鏊。正德六年(1511)进士,授御史。武宗北狩,宣府欲建行宫,雍上疏罢役。河间旱,奏请免赋减科。按四川,首劾巡抚重臣不法,有惠政。迁四川提学副使,未任卒,年仅四十八。李廷相为撰《卢君墓志铭》,邵宝撰《卢君墓表》。雍性至孝,所为诗文清新圆润,尤喜表章先贤,世称贞臣、才臣,又称文学节义之臣。据《横金志·艺文》著录,卢雍所著除《古园集》12卷及《奏议》1卷外,还有《苏州府志》46卷、《石湖志》10卷。该志同时著录雍弟卢襄《石湖志略》2卷。《崇祯吴县志》有卢雍

弟卢襄传："卢襄，字师陈，雍弟。幼颖异，稍长，受《易》于兄，又
为都宪徐源所知。源抚山东，遂携以往。比归，又游王文恪鏊门，
造诣日深。正德丙子，举于乡。嘉靖癸未，登进士，授刑部主事，改
兵部，升礼部员外郎，迁职方郎中，寻改武选……雅好问学，家居，
每得异书，辄手录。既仕，益勤，虽簿领丛沓，不废。占僮为文，敷
腴明畅，能达其志。诗尤精诣，自号五坞山人。所著有《五坞草堂
集》《石湖志》《石湖文略》《卢氏世谱》，他所纂辑多未成书。"现
今传世者为卢襄《石湖志略》的嘉靖刻本，可能是卢襄在其兄卢雍
《石湖志》10 卷基础上删节而成。至于《苏州府志》46 卷，当成书
于《正德姑苏志》之后、王志坚《崇祯苏州府志稿》之前，未见刊刻
的记载或收藏单位的著录。

崇祯苏州府志稿 〔明〕史应选修，〔明〕王志坚等纂

志坚（1576—1633），字弱生，更字淑士，亦字闻修，号珠坞山
农，明昆山人。万历三十八年（1610）进士，授南京兵部主事。崇
祯四年（1631）升佥事，督湖广学政，礼部推为学政第一。卒于官。
通籍后，卜居吴门古南园，杜门却扫，肆志读书。著有《昆山人物
略》《河渚集》等。《同治苏州府志》卷 50《旧序》收有王志坚《重
修府志序》，详述其修纂本志经过。当时参与其事者还有吴默、文
震孟、王焕如、史兆斗、周永年、龚方中、黄翼圣，以及志坚之弟王
志长、王志庆等人，"始于己巳六月，迄于辛未四月"，即崇祯二年
（1629）至四年（1631）。内容包括沿革、治乱、山川、城池、学校、驿
递、乡都、封建、古迹第宅、园亭、僧坊道院、灾祥、风俗、物产、人物、
户口、赋役、水利、兵戎职官、科贡、卫所、关隘、桥梁、坊巷、公署、坛
壝、祠庙、仓场、坊表及郡境分总图说等，后因行政长官的更迭，未

刊刻问世。《乾隆苏州府志·修志凡例》载有："从书贾购得明崇祯初昆山王提学志坚所纂《宦绩》《人物》稿十四册。"并称"其书分列名目,略如牛若麟《吴县志》,其采取之严、辩论之核,多可考信。"因此"据其本增改十之二三,而存其暗与之合者"。以后,此稿也失传。《光绪昆新两县续修合志》卷 49《著述目录上》有王志坚《苏州府志稿》14 册。

县　志

吴　县

〔三国吴〕吴县记　〔三国吴〕顾徽[1]纂

　　章宗源《隋书经籍志考证》卷6：“《吴县记》：卷亡，顾徽撰。”《文选》卷59《头陀寺碑文》注：“顾微《吴县记》曰：'佛法详其始，而典籍亦无闻焉。鲁庄公七年夜明，佛生之日也。'”《汉唐方志辑佚》亦辑录此则。顾徽，字子叹，吴郡人。少游学，有才辩。孙权召署主簿，转东曹掾，出使曹魏，应对得宜，还拜巴东太守，欲大用之，会卒。《吴郡志》云：“顾徽，字子叹，雍之弟。”《崇祯吴县志》云：“顾徽，字子叹，雍母弟也。”按，三国时吴县为吴郡治，此题“吴县记”，当系县志，且系吴县见诸典籍的第一部县志。

雍熙吴县图经　〔北宋〕罗处约纂

　　罗处约，字思纯，一字纯父，宋华阳人。太平兴国中登第，雍熙间（984—987）以大理评事知吴县。在任期间，与长洲令王禹偁相酬唱，后召赴阙，以为著作郎，直史馆，寻巡抚荆湖路。著有《东观集》等。《洪武苏州府志》中的宋濂《序》：“记载于简册者……迨

　　1　一作“顾微”。

宋之时，罗处约有《图经》。"《嘉靖吴邑志》卷3《古县令题名》：
"罗处约……在县日作《吴县图经》。"《姑苏志》作"《吴郡图经》"。
但是罗处约以知县身份作《吴县图经》更合适。据《嘉靖吴邑志·古
县令题名》，此图经纂于罗处约吴县任上，时当北宋雍熙年间。《嘉
靖吴邑志》卷11并引罗处约《吴县图经》4条。

康熙吴县志 〔清〕孙启元修

据《吴门补乘·艺文补》著录云"康熙中修"，《民国吴县
志·职官表》记"孙启元，逊庵，莱阳籍栖霞人，举人，元年十一月
任"，又记孙启元继任者云"何模，桐子，福建镇海卫人，举人，二
年八月任，寻以目疾休致"。也就是说，孙启元从康熙元年十一
月到任到次年八月离任，任吴县知县前后不到10个月。在这么
短的时间内要编成一部县志似乎不大可能，且此志不见其他著
录，录此存疑。

长洲县志十卷 〔宋〕孙应时修

见于张国淦《中国古方志考·江苏省四·旧苏州府属县》"长
洲县志目"，载《禹贡》第4卷第9期。《乾隆苏州府志》《同治苏
州府志·艺文四》著录。

长洲县志十卷 〔明〕杨循吉撰

杨循吉，生平见前。本志见于张国淦《中国古方志考·江苏
省四·旧苏州府属县》"长洲县志目"，载《禹贡》第4卷第9期。
《乾隆苏州府志》称根据尤《志》著录。《同治苏州府志·艺文四》
著录。

长洲县志 〔明〕钱榖撰

见于张国淦《中国古方志考·江苏省四·旧苏州府属县》"长洲县志目"，载《禹贡》第4卷第9期。《吴门补乘·艺文补》著录，《同治苏州府志》亦著录，均作"钱榖《长洲志》"，其依据都是《姑苏名贤小纪》。《姑苏名贤小纪》是文震孟的著作，文震孟乃万历二十二年（1594）举人、天启二年（1622）状元。从《姑苏名贤小纪》"小序"的落款为"万历甲寅新秋"推断，是书成书于1614年。钱榖，字叔宝，自号馨室，吴县（今江苏苏州）人，明代画家。少孤贫，失学，迨壮始知读书。家无典籍，游文徵明门下。文徵明乃文震孟的曾祖父。有如此关系，文震孟说钱榖"所纂集书有《三国文类抄》《南北史撼言》《隐逸集》《长洲志》《三刺史诗》及《续吴都文粹》"应该是有依据的。

长洲野志 〔清〕伍卿忠著

《乾隆苏州府志·艺文二》著录"伍卿忠《长洲野志》（余福子）"。《乾隆苏州府志》收录伍卿忠父亲的传记："伍余福，字君求，正德丁丑进士。授长垣知县，均赋役，出淹禁，奖髦士，惩奸胥，期年大治。武宗南巡，道出长垣，余福早夜治办，民不扰而事集。嘉靖初，转营缮主事，革免摄司篆积羡千金，悉归公帑。历刑、兵二部郎中，以议礼廷杖，谪安吉知州，再迁建昌府同知、镇远知府。致仕，唯以简册自娱，喜著述，有《三吴水利论》可裨实用。诗亦工。"《崇祯吴县志》云："伍卿忠，名孝先，以字行，弱冠为府学诸生。博学好古。侍父余福京邸，父廷杖创甚，卿忠不食饮者数日，遂以孝著。适岛夷蹒吴，军数败，卿忠为陈策请诛懦将。巡按御史周如斗壮之，将荐于朝，谢曰：'为东南计耳，谋身哉！'遁不复见。及子袁莘以长洲籍登甲第,诲以忠廉。所著有《安南考》《金阊事纂》《长洲野志》。随子任贵溪知县,又修《贵溪志》。"

长洲县志 〔清〕史兆斗撰

《乾隆长洲县志》卷24《史兆斗传》称:他"与汪编修琬交,尝告之曰:'《长洲县志》绝不称意,中所难者,人物耳。吾删定已久,今当授子。'其后亦竟不果。"说明史兆斗因为对之前的《长洲县志》不满意,因而曾经"删定"过《长洲县志》,并将志稿交付其好友汪琬,希望汪能够刊刻行世。可惜的是,汪也没有实现史兆斗的愿望。从行文看,历史上曾经存在过史兆斗"删定"的《长洲县志》。

常 熟

琴川旧志

《至正琴川志》卷前《旧序》所收褚中《淳祐琴川志·序》:"琴川旧志荒落,丙辰庆元孙应时修饰之。"孙应时之《琴川志》修于南宋宁宗庆元二年(1196),此志在孙应时前,当早于庆元。据褚《序》又可推知,孙应时修志时曾经据以为蓝本,基本内容均已采入《庆元琴川志》中。《宛委别藏》本《淳祐琴川志》卷1《桥梁》、卷4《山》、卷10《宫观》等均有引用,内容涉及山、桥梁、道观等。其中《桥梁》云:"瞿桥:《旧志》有隐仙、和风二仙,其名不存,以方隅步数度之,上二桥疑是。"似乎只收录桥梁的名称,记述相当简略。《乾隆苏州府志》卷11《田赋四》、卷61《人物十五》亦有引用。如《田赋四》"宋无酒课,止征麴钱"下:"按,琴川旧志:本县酒课,古例郡给糯米二千四百石,酝酿宽剩,县计赖以仰给。淳祐中,酒本不足,而本府及倅听月解版帐为数甚夥,一年总计七十五万三千余缗,不过资于酒课,当时一县酒课之多如此。卢志乃云无酒课,殆未深考。"

庆元琴川志 〔宋〕孙应时辑

应时(1154—1206),字季和,浙江余姚人。学者称烛湖先生,受学于陆九渊。淳熙乙未二年(1175)进士,以通直郎于庆元二年(1196)四月来任常熟知县,五年六月去任。在任期间"粗修"该志,即后世称《庆元志》或孙《志》。后任知县叶凯于嘉定三年(1210)四月离任前刊刻该志。《光绪常昭合志稿·总叙》云"今已无传本",则该志在清光绪年间已佚。

淳祐重修琴川志十四卷拾遗一卷 〔宋〕鲍廉辑

廉,浙江龙泉人,宋淳祐十二年(1252)以宣教郎来知常熟。宝祐二年(1254),鲍廉"以图志未详为阙典"而与邑之秀民钟秀实、胡淳旁搜博采,考古访旧,在孙《志》的基础上裒辑荟萃,讨论是正,以增其所未至,编列为 10 门:曰叙县、叙官、叙山、叙水、叙赋、叙兵、叙人、叙产、叙祠、叙文,每门又有子目。《光绪常昭合志稿》云:"胡淳,字以初,胡埭人。以博学称。端平中,建学宫,与兄洽并董其役。邑令鲍廉辑《琴川志》,属淳与钟秀实搜讨事迹,精审翔实,为邑志权舆。"《乾隆常昭合志·旧序》收录"龚立本跋"曰:"按,《琴川志》曰重修,即宋志也。刻本偶得之古寺中,此亦载籍之鲁灵光矣。条理秩如,笔亦不俗,独《续志》湮泆。有元百年间,人材事实,茫无可考。惜哉!"

琴川志 〔宋〕范成大著

成大（1126—1193），字致能，号石湖居士，谥文穆，吴县人。《宋史》有传。绍兴二十四年（1154）成进士，历任著作郎、礼部员外郎、中书舍人、四川制置使、吏部尚书、参知政事等职。晚年退居故乡苏州石湖。是南宋著名诗人，与尤袤、陆游、杨万里并称四大家。著有《石湖集》《桂海虞衡志》《揽辔录》《吴船录》等。《乾隆常昭合志》《乾隆苏州府志》《道光苏州府志》《同治苏州府志》均著录范成大《琴川志》。《康熙重修常熟县志》云："社稷坛在县治北门外，旧在县西一里，明洪武三年移置。宋范成大《琴川志》：坛在县西一里，莫考其创始。"对于这条记载，陈揆《琴川注草》云："社坛，钱陆灿《县志》引此条误作范成大《琴川志》，新府志因以范《志》列《艺文》，又载潜说友《琴川志》，俱所未闻。"可见，在道光年间，常熟人已经不知此书，估计已佚。《道光苏州府志》《同治苏州府志》之所以著录，当是承袭"新府志"即《乾隆苏州府志》之说。在陈揆看来，所谓"范成大《琴川志》"并不存在，只是因为钱陆灿《康熙重修常熟县志》在记录"社稷坛"时的误引，导致了后面志书"以讹传讹"的援引。

琴川图志 〔宋〕范成大著

《乾隆苏州府志》卷76《艺文》据"卢镇志"著录。《宛委别藏》本《淳祐琴川志》卷12《叙文·碑记·学》所收袁甫《教育言氏子孙记》"按，《琴川图志》：言偃，字子游，旧宅在县治之西"，末署"嘉熙改元四月癸未，朝散大夫、试中书舍人、赐紫金鱼袋袁甫记"。袁甫为南宋理宗时权兵部尚书，嘉熙恰为理宗年号，嘉熙元年当1237年。此为袁甫于嘉熙元年所引，是此图志成于嘉熙以前。从书名推测,记述内容当为常熟的建置沿革、疆域、名胜古迹等。《乾隆常昭合志》卷11《艺文》著录为:"《琴川图志》,卢镇著。"那么,到底是一种书还是两种书?《乾隆苏州府志》称"书成于乾隆十三年",《乾隆常昭合志》是"乾隆五十八年时,(言)如泗受任编纂此志,历时两年而成"。府志成书早于县志47年,一般而言,后面的志书总将前面的志书作为参照,而且《乾隆常昭合志》原书体例颇杂,且多舛讹,故此推测,误将《乾隆苏州府志》据"卢镇志"著录的范成大《琴川图志》改为"卢镇著"。

嘉定增修琴川志　叶凯纂修

叶凯,《康熙重修常熟县志》作"叶恺",南宋霅川(今浙江吴兴)人,开禧三年以宣教郎来知常熟州事。《崇祯常熟县志》云:"叶凯,宣教郎辟差,至嘉定二年四月,以平反冤狱得旨,任满与升擢差遣,在任转通直郎。修儒学,刊《琴川志》,修社坛,申三镇税钱自行纳郡。"明张洪《宣德琴川新志·序》:"宣德庚戌,余致翰林事归。适上虞郭公世南由常熟簿升知县。政通人和,居多暇日,始留心县志,访得旧本,特以示余。请曰:'……会幸旧籍未亡,遗老尚在,于是而不删正之,则后之人将兴不足之叹矣!'余受书考阅,自宋庆元丙辰县令孙应时创修之,嘉定庚午县令叶凯增益之,淳祐辛丑县令鲍廉加饰之,其书始备。"庆元孙应时所创者为《琴川志》,修于南宋宁宗庆元二年(1196),叶凯所增即以此为本,嘉定庚午即嘉定三年,时当1210年。此志纂成后一度流传。如同理宗淳祐元年(1241)鲍廉以《琴川志》为本纂成《重修琴川志》一样,书名亦当作《增修琴川志》。张洪《宣德琴川新志·序》作于明宣德九年(1434),据《序》中"访得旧本""旧籍未亡""受书考阅……嘉定庚午县令叶凯增益之……其书始备"推断,其时《增修琴川志》

尚存。孙应时《琴川志》基本内容今保存在《宝祐重修琴川志》中，叶凯《嘉定增修琴川志》内容也应大体和它相当。

琴川志二十六卷　　潜说友著

《乾隆常昭合志》卷11《艺文》著录，《乾隆苏州府志》卷76《艺文》同。说友，字君高，处州缙云（今属浙江）人。咸淳年间，潜说友曾撰《咸淳临安志》100卷，体例完备，内容宏富，考辨精审，条理秩然，是南宋著名方志。《姑苏志》云："潜说友，咸淳九年闰六月，除显文阁直学士，知平江府，节制许浦都统司水军，兼浙西提举。德祐元年四月二十五日论罢。"此志当著于德祐元年（1275）之前，即咸淳年间（1265—1274），最大的可能是在其"知平江府、节制许浦都统司水军"任上，即咸淳九年闰六月至德祐元年四月二十五日这段时间。对于曾经编修过《咸淳临安志》100卷的潜说友来说，编纂一部26卷的《琴川志》，可谓"轻车熟路，驾轻就熟"，志稿质量当亦属于上乘之列。可惜在陈揆编纂《琴川注草》时已称"范成大《琴川志》"及潜说友《琴川志》，俱所未闻"，推知此志在道光年间已佚。

大德常熟州志　　卢克治纂修

《江苏旧方志提要》记载：〔元〕常熟州志：《大明一统志》卷8《苏州府·风俗·俗好用剑》："元《常熟州志》：'俗好用剑轻死，盖湛庐、属镂、干将、要离之遗风。'"按，常熟在宋为县，元升为州，明复降为县，此又明言为"元"，知修于元代。纂修人及编纂始末等均不详。

今按，据《姑苏志》卷41记载："卢克治，字仲敬，濮阳人。大德间，为常熟令。沉敏宏远，复多仁恕，狱无冤滥，好施劝分。教育言氏子孙,核实学田,筑社稷坛,恢拓公宇,增修邑志,民为立生祠,今列祀学宫名宦祠。"

据此可知,在元代大德年间,有一位来自濮阳的"常熟令",在任上颇有作为,为官仁恕,狱无冤滥,乐善好施,教育言氏子孙,核实学田,修筑社稷坛,拓建县衙等公共建筑,并"增修邑志",深得民心,老百姓甚至为他"立生祠"。当然,他死后也被列入了常熟学宫的名宦祠。卢克治的传记和"增修邑志"这件事情同样也载入了常熟的地方志《海虞别乘》。

据清陈揆编《琴川志注草》"叙官"称:"卢克治,大德七年至至大元年,见《生祠记》。"也就是说卢克治为常熟令的时间是"大德七年至至大元年",即 1303 年到任,至 1308 年离任。这篇《生祠记》的全名是《常熟知州卢侯生祠记》,被收录在《海虞文征》中,作者周驰,写于"至大二年正月七日",也即《生祠记》中所云"侯既去官之逾岁"。

可奇怪的是,这么一位受人尊敬的"州官",在他离任一年后,还有人念着他的好,为之立生祠,写《生祠记》怀念他。唯独在之后常熟编修的志书序跋中,都没有提及卢克治增修之志。如果没有《大明一统志》的引用、张国淦《中国古方志考》的简单著录,那么这部志书恐怕就会被后人遗忘。也许卢克治在离任时,将他增修的志书带走了,所以常熟人见不到,也不知道有此书。

至正琴川续志 卢镇纂修

卢镇于元至正二十二年(1362)以领兵副元帅来兼常熟知州后,集诸邑士,总宋以前邑事,成 15 卷,重新付印,名《重修琴川志》。《乾隆常昭合志》卷 11《艺文》著录为:"《重修琴川志》十四卷《拾遗》一卷,卢镇。"《康熙常熟县志·凡例》云:"旧志自宋令鲍公廉撰于宝祐间,分类为十,成十五卷。元卢知州镇修之,即今《琴川志》是也。其所纪载止于宋代,而有元百年间人物掌故,卢复编有《续志》。"可见,在重修同时,卢镇又另行编过一本收录元代史事的志书若干卷,亦已告成,取名《琴川续志》。《崇祯常熟县志》卷15《摭遗·旧序附》所收龚立本《琴川志后序》云:"案,《琴川志》曰重修……条理秩如,笔亦不俗,独(琴川)《续志》湮佚,有元百年间人材事实,茫无可考,惜哉!"龚立本为晚明人,曾纂有《崇祯常熟县志》,可知此书明末已亡。

琴川新志 〔明〕陈伸纂

《宣统太仓州志·艺文》著录。陈伸,字延龄,自号怡云老人。洪武间举秀才,官茶运副使,迁富阳丞。博学工文,著有《永乐太仓事迹考》《怡云集》等,均不传于世。

宣德琴川新志八卷 〔明〕郭南修,〔明〕张洪纂

《宣统太仓州志》著录为"《琴川志》"。郭南,明上虞(今属浙江)人,宣德九年(1434)由常熟主簿晋常熟知县,正统八年(1443)以丁忧去职,十二年再任。张洪(1362—1445),本姓侯,字宗海,号止庵。"父名常,赘于沙溪郁氏,实生公。生五日而母郁亡,父客燕不归,邻人张炯怜而鞠之",是因为邻居张炯收养而改姓。11岁补诸生,21岁因事谪戍云南,因通晓经义被荐为靖江王府教授。永乐初出使日本、吐蕃、朝鲜,后入文渊阁,与修《永乐大典》,任副总裁。洪熙间,任翰林院修撰。著有《归田稿》4卷及《南夷书》等。宣德九年(1434),常熟距元至正卢镇《重修琴川志》已70年,其间从无续修者,郭南遂以平日所访旧志付张洪,并请他纂修新志。张洪于是参稽宋庆元二年(1196)孙应时、

嘉定三年（1210）叶凯、淳祐元年（1241）鲍廉及元至正二十三年（1363）卢镇四部《琴川志》，删繁芜，补新事，于当年完成是编，凡8卷。据清康熙五十一年（1712）章曾印、曾倬所修《常熟县志·凡例》所记，其门目设置同宋、元诸《琴川志》，即叙县、叙官、叙山、叙水、叙田、叙兵、叙人、叙产、叙祠、叙文10门。张洪自撰《琴川新志序》今尚存，见于《乾隆常昭合志·旧序》等。《乾隆常昭合志》卷11《艺文》在著录"《琴川新志》，张洪著"的同时著录："《常熟县志》，郭南著"，疑其误一书为二著。《乾隆苏州府志》卷76《艺文》著录"张洪《琴川新志》"，并注云"管《志》作《常熟志》"，可证。后世称为"张《志》"者即此。《乾隆沙头里志》中的《张洪传》称"所著《南彝书》《日本补遗》《琴川新志》之属多亡，惟《归田稿》《使缅录》尚存"。据此，该志在乾隆年间已佚。清道光间陈揆著《琴川志注草》《琴川续志草》《琴川续志草补录》时，曾多有采摘。或许在清道光年间，此志尚未佚？

常熟志 〔明〕季篯著

《乾隆苏州府志》卷76《艺文二》著录。《雍正昭文县志》卷7著录为"《常熟县志》"。季篯，字仲怡，号友梅，明常熟人。永乐中，以经明行修荐授预修《大典》。篯有文学，勤于纂述。宣德间，授昆山训导，迁曹县教谕。正统九年（1444）旅崇明，修邑志未成而卒。著有《昆山县志》《崇明县治》《增集群书类疏》《友梅集》《怡庵集》等。可惜除了《友梅集》传世外，其余著作均未传世。《康熙重修常熟县志·季篯传》云："为文醇洁有法，作诗亦新美，尝修昆山、崇明、常熟县志。"又云："教谕季篯宅，在文村。"《崇祯常熟县志》云："教谕季篯墓，在望海门内虞山东麓。"《康熙重修常熟县志》作："友梅先生季篯墓，在镇江门内虞山北麓。"

琴川新志 〔明〕李杰修,〔明〕钱仁夫、马儒、姚榛、陈天麟纂

《乾隆苏州府志》卷76《艺文二》著录。《万历皇明常熟文献志》著录为"李石城《琴川新志》""《李石城志》"。李杰（1443—1517），字世贤，号雪樵，又号石城居士，明常熟人。成化二年（1466）进士。历官礼部尚书，与修宪宗、孝宗两朝实录，充《大明会典》副总裁。为文纯雅清美，简而有法。诗婉丽温厚，书亦遒逸。卒赠太子太保，谥文安。著有《石城山房稿》《石城集》《雪樵集》。钱仁夫，字士宏，高祖苏常应诏言事，归老东湖之滨，子孙因家焉。仁夫童时有高禀，学于邑儒陈九畴，闻性理之学，又质经义于桑廷璋，出试辄首多士。弘治己未始举进士，时年五十四。仁夫性度岂弟，遇人有礼意，好客，座常满。内行甚修，亲没，常抚其遗物以泣，与弟信夫友爱，辟广义庄，贮粟以助族人。岁凶，募人收道尸，与地以葬。仁夫博综群籍，览已辄记，老犹不忘。为文雅赡有体裁，不事雕篆，诗和婉有唐人风。所著有《归闲文纂》《水部诗历》《和高季迪吴中百咏》《和鸣鹤余音》。字学四体，皆善，楷隶尤精，画山水竹石有逸致，号东湖居士。马儒，字良佐，举于乡，得汝州西平县教谕，以荐擢知湖广临湘县。壮岁，性豪迈，负气不能为人下，然心局坦易无畛域，言词率易，多不酬。仕归，无余资，以笔墨自给。姚榛，字叔用，给事中善之孙。隐居务学，博通传记。性淳笃，不饰貌以悦人。有司行乡饮礼，榛为大宾。善于永乐中采木，卒于全州湘山僧舍，逾五十年，榛悲感，授徒得资，与弟鹤迎其棺，归葬常熟，士林义之。年八十余卒，号友荆居士。陈天麟，字祥夫。孤狷自将，不与俗偶。尝事进取，不利，辍不复事，教授里中，晦其迹，人鲜知者。知邑故事，尝预纂集之聘，卒年七十余。按《弘治常熟县志》即在此志稿基

础上纂辑而成。

常熟县志四卷 〔明〕桑悦纂

《乾隆苏州府志》卷 76《艺文》著录。《乾隆常昭合志》亦著录。桑悦（1447—1503），字民怿，号思玄居士，成化元年（1465）举人，曾任柳州府通判。阎秀卿《吴郡二科志》称："桑悦，字民怿，居海虞之沙溪。颖悟博学，凡读书过辄焚曰：既能忆矣，何所用之？"文中所称的海虞是常熟的别称，沙溪在今太仓境内。太仓州设立于弘治十年（1497），其中部分乡镇原属于常熟，因此桑悦一生中大部分时间是常熟人，晚年已经是太仓人了。正因为这个原因，他为家乡纂《常熟县志》也是情理之中的事。他还著有《弘治太仓州志》以及《思玄集》《桑子庸言》《周礼义释》等。不过《常熟县志》没有传世，也不见后世旧志的征引。常熟的一些志书收录了他的一些"奇事"和文章，如《万历常熟县私志》"叙艺"称："桑悦，字民怿，柳州通判，草书神品。"说明桑悦是个草书书法家。该志还收录了桑悦的《书种轩赋》，《海虞文苑》卷一还收录了其《南都赋》《北都赋》，证明桑悦的辞赋水平也相当高。《万历皇明文献志》中有一则"一门五别驾"云：桑瑾，处州府通判；桑瑜，温州府通判；桑悦，柳州府通判；桑翘，泉州府通判；桑大协，杭州府通判。桑氏无疏属，不过父子、兄弟、叔侄而五人俱任此，甚奇。别驾即后世的通判，为州刺史的佐吏，全称为别驾从事史，亦称别驾从事。因其地位较高，刺史出巡辖境时，别乘驿车随行，故名。桑氏家族出了 5 名别驾，被修志官发现，引为奇事。《嘉靖常熟县志》"集文"收录《子游言公祠堂碑》，《常熟书院志》"艺文"作《子游家庙记》；《海虞书苑》收录《与郭总戎书》《复高开府书》《仙岩记》《独坐轩记》《半亩亭记》《重刻素

问抄序》《韵学集成序》《金文靖公北征前后录序》等，也证实了
其文字功底比较深厚。

常熟志遗 〔清〕范贺著

范贺，字鼎九，常熟钓渚人。著有《续物原》。《光绪常昭合志
稿》云："范贺，字鼎九，钓渚人。工古文。乙酉国变，闻野哭声，迹
之，乃芦苇中小舟二人，问姓名，一为顾祖禹，一为黄守中，遂订交
焉。著有《常熟志遗》，附其族子楫所作《志略》后。今佚。"《钓
渚小志》云："鼎九工古文，出入韩欧。"《光绪常昭合志稿》"总叙"
云："旧有其族父范贺字鼎九者所著《常熟志遗》附于后，旋就佚。"
单学傅《钓渚小志》云："《志遗》已久索不得。"说明原附于《常熟
志略》之后的《常熟志遗》在光绪年间已佚。

常熟志略 〔清〕范楫著

《光绪常昭合志稿》"总叙"云："范楫《常熟志略》则稿虽具
而未刊行，今未审其存佚矣。"其注云："单学傅《钓渚小志》云：
《志略》五册，钞写精楷，系楫手书，现在予家。《志遗》已久索不
得。"《光绪常昭合志稿》记载："单学傅，字师白，钓渚人。诸生。
少有神童誉。为钱学使樾所赏，吴蔚光呼为小友，俾尽读其所藏
书。所著经类两种、史类两种、杂家类十四种、志乘类四种、诗话
类四种、选家类三种，自著《诗文内集》五种、《外集》五种。"可见
单学傅也是一位著作家。当时，范楫撰《常熟志略》五册就被他
家收藏，光绪年间尚存。

雍正常熟县志稿 〔清〕李惟一修，〔清〕陶正靖纂

言如泗《乾隆常昭合志序》记："先师陶太常纂《常熟志稿》，

未卒业而辍。"陶太常即陶正靖。雍正二年（1724），常熟分设常熟、昭文两县，同城而治。五年，两县共同设局修志，昭文知县劳必达聘陈祖范等人纂《昭文县志》，而常熟知县李惟一聘陶正靖纂《常熟县志》。惟一，字梓材，山东巨野人，进士。雍正六年任常熟县知县。有廉操，政尚慈和，或称其不事鞭朴，则曰：吾无暇为耳。正靖，字稚衷，晚号闻幼，雍正间进士。乾隆初授侍御史，遇事敢言，官至太常寺正卿。著有《春秋说》《晚闻集》。李惟一有《雍正常熟县志序》，陶正靖有撰于"雍正九年夏四月"的《常熟县志跋》（见《乾隆常昭合志·旧序》）。序、跋一般作于成书之后，故推测此志已经完稿，言如泗所谓"未卒业而辍"，可能是指未能刊刻而言。《乾隆常昭合志》中的《李惟一传》称其"延邑人陶正靖修县志，稿成，适坐累罢，未刻"可证。该志中的《陶正靖传》称"正靖修常志，迫计偕，稿未梓"。后志稿未刊印，稿本亦不存，散佚时间当早于乾隆末年为修《常熟县志》而设局时。

常熟县志稿 〔清〕陶贞一纂

《同治苏州府志·艺文四》著录。《乾隆常昭合志》亦著录。贞一（1676—1743），字骏文，一字改之，号退庵，清常熟人。元淳子。康熙五十一年（1712）进士，任翰林编修。雍正初，与修《明史》。乞归，张廷玉留之不得。有益家乡之事，知无不为。工诗古文词，早年徐乾学、何焯对其甚为赞赏。著有《虞邑先民传略》《恭纪御试》《退庵先生集》《退庵先生文稿》等。言如泗《乾隆常昭合志序》称："乾隆四十三年间，邀世讲陶叔载秉笔，属草数则而客游，遂不果。"可见，该志是一部未成稿。

太 仓

永乐太仓事迹 〔明〕陈伸撰

伸,字延龄,明初邑人。博古,工文词,洪武间膺秀才,自号怡云老人。洪武中曾任茶运副使、富阳县丞。所著有《怡云集》《太仓事迹》。后者撰于永乐中。所记详于太仓的沿革及海运,基本内容曾多为陆容《弘治太仓志稿》所引用。陈士尨撰于乾隆三十一年的《太仓直隶州志备采序》提到此志系"汇考参合"之一,说明在当时此志尚存。今陈伸自序尚存,见于《宣统太仓州志》(《中国地方志联合目录》误作《光绪太仓州志》)卷末《旧序》。龚持宪《太仓考序》认为该书"简短错杂,殊无足倚"。《宣统太仓州志》著录为"《太仓事迹考》"。

弘治太仓志稿 〔明〕陆容撰

容(1436—1494),字文量,号式斋,邑人。成化二年(1466)进士。曾任兵部职方司主事,累迁浙江右参政,所至有政绩。平生嗜书,多著述。著有《式斋集》《菽园杂记》。与陆钶、张泰齐名,称"娄东三凤"。《嘉庆直隶太仓州志》卷63《旧序》收录陆容《太仓志稿引》云:"洪武间,兖州太守卢公武为《苏州志》。其时,太仓初设军卫,卫治之外无可志也。宣德间,昆山教谕季仲和为《昆山志》,太仓事详附焉。正统以后,太仓始立学校,开科目,仕进者辈出,文物渐盛于昔矣,则有景泰间慈利教谕蒋奎章备志之。成化辛卯,予以南京吏部主事丁外艰,归太仓。读礼之余,漫取郡志中事有关太仓者,稍加润色,别为一编。前朝遗事则采杨东溪《昆山州志》、陈延龄《太仓事迹》，摘其要者足之，近时新事间亦附，以己意续焉，名曰《太仓志》，盖将藏之巾笥，以为宦游思念乡土之慰。居无何，为好事者取去，遂致散逸者余十年矣。岁乙巳，丁内艰家居，点简家藏遗书，始得其初稿于故纸中，然脱落几半，未暇求补，乃复葺其存者，成帙如左，以俟同志君子择焉。弘治元年二月。"道出了此志的由来。成化辛卯（1471），陆容丁父丧归里，读书之余，漫记郡志中有关太仓的资料，稍加润色，别为一编。后又以杨东溪《昆山州志》以及陈伸的《太仓事迹》为基础，采摭前朝遗事，并加之近世新事，以作"宦游思念乡土之慰"。后来被"好事者取去"，导致散逸。十多年之后，碰到母亲过世，在故纸堆中找到了部分原稿，重新加以整理，于弘治元年（1488）编成是稿。陈士彣撰于乾隆三十一年的《太仓直隶州志备采序》提到此志也是"汇考参合"之一，说明当时此志尚存。

嘉靖太仓州志八卷 〔明〕刘世龙修，〔明〕都穆纂

《宣统太仓州志》云："刘世龙，字允卿，慈溪人。正德十六年进士，嘉靖初知州事。世龙短视，动止简略。公暇喜吟咏，善草书。然性明察，心在民事。时立州已三十年，进士屈儒、太仆丞姚奎以添设非宜，奏请裁撤。世龙采诸生王梁议，力言存州有六便。勘上，州得不废。寻入为国子监博士。"穆（1459—1526），字玄敬，明吴县人。弘治十二年（1499）进士。授工部主事，历礼部郎中，以太仆寺少卿致仕。清修博闻，老而好学不倦。晚年居苏州南濠街，号南濠居士。著有《西使日记》《金薤琳琅》《周易考异》《史外类抄》《壬午功臣爵赏录》《南濠诗略》等。嘉靖五年（1526），刘世龙聘都穆继修州志，志垂成，穆病卒。当时已刻，崇祯二年（1629）重刻。清嘉庆十三年（1808），浙江宁波天一阁

藏书目录尚有著录，不久散出，佚于何时未详。书前原有祝允明《序》，今存于清嘉庆七年（1802）王昶所纂《嘉庆直隶太仓州志》卷 63 中，作"《太仓州新志序》"，其文云："慎哉！刘侯之作其州之史也，其古之遗教乎？《书》与《春秋》之志也。都氏之笔，亦有以成其志焉。侯，越人也，字允卿，以进士来。三年，政成而为史。都君，名穆，字元敬，仕太仆少卿，吴人也。始州未建，陆大参容作《太仓志》、陈丞伸作《事迹》，其他散在昆山、常熟、嘉定三邑书。李君端，初守州，即属桑倅悦为志。今书盖总诸策而登黜之，王生梁实赞焉。其旨主简核，故寡失而可观。书成，都且病革，不及自叙，故稍为详之。"《嘉靖太仓州志》收录的张寅《太仓州志后序》云："都值危病，或托他手，寥寥简编，括其梗概，观者少之。"从两篇序文可见，由于都穆身体原因，志书编得草草了事，而且相对"简核"，故"寡失而可观""观者少之"。尽管刊刻过两次，但清嘉庆以后却未见有收藏单位的著录。

太仓考十三卷 〔明〕龚持宪撰

《嘉庆直隶太仓州志》云："龚持宪，字行素，州学生。通《诗》《春秋》。性耿介，不能忍人过。尝为怨家所诬，以贫惟嗜古学，无所累。晚应诏，赐章服。退隐南乡，著述以老。"据持宪自序，弘治十三年（1500），知州李端聘桑悦编纂州志，桑悦历数月而成，用时短暂，实非易事，"然读者往往不满，谓其负才疏阔，致成可议，而令予重修之。师友交赞，予未敢也。乃者，偶值考索弗得有感焉，因为参访图增葺之，而动此牵彼，笔意俱别，乃自成十三卷，谓之《太仓考》"。由此推测，此为重修的州志重修时间晚于弘治。当时已经形成书稿，未云是否刊行。陈士彣撰于乾隆三十一年的《太仓直隶州志备采序》提到此志也是他用来"汇

考参合"之一种，说明在乾隆年间此志尚存。书前除了龚持宪自
序外，还有张榗《序》，今并见于《嘉庆直隶太仓州志》卷63和
《宣统太仓州志》卷末《旧序》。张榗《序》云："建治初，先民通
判柳州桑民怿氏据故实、访逸闻，分门立类，总志十有一卷，其用
心亦勤矣。而或者病其质不胜文、详略过当，此吾友龚行素之《太
仓考》所由作也。其书虽以桑《志》为主而更定，删削之功实多。
其门人孙希范复于桑《志》中削去其冗滥、失实而不足记者若干
事，又于其所收之中削去其冗滥、失实者若干事。予浅昧芜陋，
其然与否，不可得而知也。试即厥祖考行实，质诸乡人。传闻之
言，亦例所宜书者也，而不之书，恶乎私举一反三，予固知此书之
足征矣，因为附其事于卓行传，而并书其概如此于简末云。"从此
序文得知，此书是龚持宪在桑悦《弘治太仓州志》基础上"删削"
去冗而成，并且又经过其"门人孙希范"的甄别删改，应该说肯
定胜过传世的《弘治太仓州志》的。此志未见后世著录刻本，当
未刊行。《嘉靖太仓州志》收录的张寅《太仓州志后序》云："州
志刻行，有如桑柳州、都太仆所为者，然桑务才华，不暇遗事；都
值危病，或托他手，寥寥简编，括其梗概，观者少之。惟龚氏《太
仓考》为近而未梓，故前所不载、后所未修者，奚啻数倍！"张寅
对桑悦和都穆所编志书都有微词，唯独对此志推崇备至，可惜没
有传世。佚于乾隆后何时？未详。

〔明〕太仓州志稿八卷 〔明〕姚廷法撰

《嘉庆太仓直隶州志》云："姚廷法，字省吾，双凤人。性孝友。
父晚生幼子，欲不举，廷法立请再三，令妻王乳之，教养成立，为婚
配焉。廷法尝辑《州志》八卷，请于当事，欲成其书而不果。临卒，
命子甦勿轻示人。后张南郭修州志，甦介其友达张，多所采取。"

《宣统太仓州志》著录："姚廷法《太仓州志稿》八卷。"新编《太仓县志》附录三《历代地方志略述》："《太仓州志稿》八卷,明姚廷发编纂,请助官方成书不能,志稿亦不见传世。"按:新编《太仓县志》"廷发"乃"廷法"之误。此书在张采修志时尚未亡佚,还能够"多所采取"。陈士彣撰于乾隆三十一年的《太仓直隶州志备采序》中未提及此志,也许在当时此志已佚。

顺治太仓州志稿 〔清〕朱汝砺撰

《嘉庆直隶太仓州志》云："朱汝砺,字商石,明诸生。少游张溥及吴伟业门,有志行。为书数千言,规当世事。为文瑰丽,仿佛伟业。国朝知州白登明闻其名,延辑州志,未成稿,藏于家。"《光绪太仓直隶州志》卷35《艺文·史·志乘》著录："朱汝砺《太仓州志稿》。"新编《太仓县志》附录三《历代地方志略述》："《太仓州志稿》,清顺治年间朱汝砺著。知州白登明探得其杜门著作州志,欲求访之,朱以未曾完稿婉绝〔拒〕而藏于家,后不知所终。"陈士彣撰于乾隆三十一年的《太仓直隶州志备采序》提到此志也是用来"汇考参合"之一,说明当时此志尚存。

康熙太仓州志稿二十卷 〔清〕张长庚修,〔清〕黄与坚纂

张长庚,康熙初曾任太仓知州。黄与坚(1620—1701),字庭表,号忍庵,邑人。顺治十六年(1659)进士。康熙中应博学宏辞试,授编修,迁赞善,与修《明史》,充贵州乡试正考官,又分修《一统志》。善画工诗。著有《忍庵集》《愿学斋文集》等。吴伟业曾选《娄东十子诗》,以与坚为冠。康熙初年,与坚受长庚聘纂辑是志。未刻。传本久佚,详情莫考。陈士彣撰于乾隆三十一年的《太仓直隶州志备采序》提到此志也是用来"汇考参合"之一,说明当

时此志尚存。《嘉庆直隶太仓州志》卷63《宣统太仓州志》卷末《旧序》存有该志稿《序》文一篇。

太仓事迹考 〔清〕曹炜撰

曹炜,字晖吉,号一庵,太仓沙溪人。布衣。笃学励行。从文祖尧、熊开元论学有得。性孝友,与人交,无町畦。劝善规过,人以为亲己。好著述,著有《一庵随录》《曹氏世谱》。佐黄与坚修《太仓州志》,晚辑《沙溪志》。黄与坚修《太仓州志》是在康熙初年的事情,那么曹炜也应该是康熙年间的人。《光绪太仓直隶州志》卷35《艺文·史·志乘》:"曹炜《太仓事迹考》。"卷数不详。

志余别存 〔清〕曹炜撰

曹炜生平见前。《光绪太仓直隶州志》卷35《艺文·史·志乘》:"曹炜……《志余别存》。"卷数、内容、亡佚时间未详。

县志辨疑 〔清〕陈陆溥撰

《宣统太仓州志》云:"陆溥,字乾如,陈瑚孙。初,瑚子邀尝为陆羲宾,后邀生溥,因仍冒陆姓。时瑚遗书散佚,溥搜罗编辑,历四十余年而复完。张伯行抚吴时,访求属邑先贤遗书,溥持全集入谒,为刊《讲学全规》及《文集》数卷。年老无子,贫困而卒。"《光绪太仓直隶州志》卷35《艺文·史·志乘》著录:"陈陆溥:《县志辨疑》。"此书卷数、内容均未详。

邑乘小志二卷 〔清〕顾成志撰

《壬癸志稿》云:"顾成志,字心勿,诸生。襁褓育于张氏,后复姓。诚其子以张为重名,祭扫必兼承二姓。成志醇行朴学,与里中诸老以道义相敦勖,兼工诗。晚年卜居西塘,吟咏自适。卒年六十七。子张思、张传,俱诸生。禀承家学,以闳览博物为事。张思擅考据,经史疑义,皆有札记。著有《土风录》《雪亭诗钞》及笔记等书。"《光绪太仓直隶州志》卷35《艺文·史·志乘》:"顾成志:《邑乘小志》二卷。"又《嘉庆太仓直隶州志·艺文三》云:"成志自序云:曩常涉猎二张先生《州志》及《镇洋县志》,粗有捃摭,未详也。壬辰夏,滥竽志局,乃取三书,讨论所未及,或疑俟考者,辄笔之,积纸百十余翻。今年春,删其谰琐,有客所已笔者,嫌于袭也,亦不复存。编之成二卷,以质于博雅君子。寻以数墨,此不贤者之所为,故名之曰小识。其偶失检及写刊之脱讹,不一一毛举云。乾隆三十八年癸巳岁四月二日。"可见,此志成书于乾隆三十八年。又云:"《邑乘小识》云,陆安甫不肯修州志,曰:'先子州人,余何以执笔事?'见南郭《志》。盖与龚文学持宪作《太仓考》不书其祖意同,见张训导《序》。或谓此当视其公与不公耳,所言公则公,言之何害?《记》云,先祖无美而称之,诬也;有善而不明,不知也;知而弗传,不仁也。故《史记》《汉书》皆述其先,无有非之者。虽然,惟大贤以上能不避嫌,陆、龚二君亦善学柳下惠之鲁男子也。"之后,常熟、太仓等地旧志屡有援引,《琴川志注草》有云:"延真道院,宗室尊长赵伯建。永乐中,林复真记曰:宋淳熙间,宗室赵伯正建。桑《志》曰:南宋赵王墓,在涂菘西半里许,遗址尚存。龚《志》曰:虞山西北麓有冈阜回合,土人亦指为赵王坟。太仓顾成志《邑乘小识》曰:涂菘尝浚塘得一碑,乃淳祐十年宗室保义郎赵伯旺之女,二县主为其父立祠道院者,有云考妣之坟坐于涂菘市西,先兄提干祔葬于先君墓侧。所云赵王坟,其因此误欤?"《光绪常昭合志稿》在转引此文时说:"宋宗室二墓,并在涂菘北,相传称赵王坟。《虞乡续记》云,按国朝太仓顾成志《邑乘小识》云:昔年涂菘浚塘得碑,乃淳祐十年宗室保义郎赵伯旺之女为其父立祠道院者,有云考妣之坟坐于涂菘,先兄提干袝葬墓侧,则赵王或是赵旺之误。"《嘉庆直隶太仓州志》引用 10 多则,有云:"《邑乘小识》云:明时及国初,迎春必召妓女、乐工、梨园百戏,歌声杂沓,结束鲜明,士女倾城往观。袁中郎《迎春歌》、李散尹《鉴古观春诗》可考。康熙八年,山西郭公四维守吴郡,躬行节俭,至迎春,妓女、优伶一切革除,惟府县各官往迎而已。自是岁以为常,至今不改。"《宣统太仓州志》有引用:"《邑乘小识》云:刘效祖智,字子谋,其先仕元为海漕万户,买田穿山,遂家焉。子五,其三橄,字宗文,尝庇护龚安节者,即效父也。效弟名仿。橄弟名朴,字宗实,子名竑。"从所引内容看,是志涉及墓葬、风俗、人物等方面内容。

续州志稿 〔清〕陈涞撰

陈涞,字就列,号蓬庐,三锡子。州庠生。研精经术,尤究心程朱之学。性严峻,执亲丧尽诚尽哀,里中称陈孝子。又精医理,能起垂死。晚迁沙头,卒年 77。著有《易经讲义》《省心录》《蓬庐医案》《蓬庐诗稿》。《嘉庆太仓直隶州志》有传,称:"陈涞,字就列,洽后,州庠生……曾孙垲,改名士玢,字九思,朴学笃行,留心著述,即涞著《续州志稿》,博稽群籍,益加推广,成《州志备采》并《苏松田赋考》。"说明《续州志稿》后来成为《州志备采》和《苏松田赋考》的基础了。《道光直塘里志》有陈涞孙子的传:"陈照,字晖宇,号玉照,祖涞从双凤迁沙溪。照博学不试,通经史,俱有论著,尤精《尚书》,知州宋楚望旌曰'祖孙硕儒'。居恒事亲孝,家中不资,而喜周人急。晚岁迁里,闭户著书,人罕见其面,卒年五十。子士彭,原名垲,字九思,一字尊舜,绩学笃行。乾隆初,知州王欲修州志,士彭以涞《续州志稿》上之。后志不果修,而稿为王携归。乃即剩稿成《州志备采》一书。家落,授徒自给,侨寓直水、沙溪、双凤以终。"道出了该志稿是被王知州带走的。从后文"乃即剩稿成《州志备采》一书"看,王知州带走的应该是誊清稿,原来的底稿又被陈涞的曾孙士彭用作《州志备采》的资料基础。

太仓州志 〔清〕沈起元、王戗撰

《嘉庆太仓直隶州志》云:"州志张受先所修不无疏略,而自崇祯十五年距今凡一百五十余年中间,如沈起元、王戗诸君续修未竟。"可见,在乾隆年间,沈起元、王戗曾修过州志,但是没有完成。沈起元,太仓人,康熙辛丑进士,官光禄寺卿,乡饮大宾。《嘉庆太仓直隶州志》载:"王戗,字辑青,乾隆七年进士,授兵部职方司主事,升武选司员外,充会典馆纂修官。十四年,升郎中。秩满,记名以繁缺道府用。明年秋,充云南学政。十七年冬,调任四川,振拔孤寒,士风为之兴起。任满,入都,特授安徽庐州知府。庐州为包拯旧治,戗抵任,即以拯'清心为治本'之句颜于堂以自警,政务简静慈祥,而于奸猾不少贷,如重惩米行之加用而市米顿充,尽获庐寿接界之凶徒而民风趋善,禁庐江县民之私垦湖田以防壅水、无为州民之私挖矾山以防聚奸,均于民生有实政。三十二年,引疾归,宦橐萧然,人以清介称之。知州贵中孚以州志请修,属稿稍就,会中孚离任去,事遂寝。家居二十年卒,年八十三。"提到"属稿稍就",应该是有初稿的。

乾隆太仓直隶州志备采十二卷 〔清〕陈士彭撰

陈士彭,原名屺,字九思,邑人。朴学笃行,以著述为本,著有

《苏松田赋考》。继曾祖涞所纂《续州志稿》，推广成《州志备采》。此书撰于乾隆三十年(1765)，已久佚。土尨自序收入《宣统太仓州志》卷末《旧序》中。《道光直塘里志》收录陈士尨父亲的传记："陈照，字晖宇，号玉照，祖涞从双凤迁沙溪……子士尨，原名恺，字九思，一字尊舜，绩学笃行。乾隆初，知州王欲修州志，士尨以涞《续州志稿》上之。后志不果修，而稿为王携归。乃即剩稿成《州志备采》一书。家落，授徒自给，侨寓直水、沙溪、双凤以终。《备采》多直笔，《嘉庆州志》之役，几为当事所火，后辑补遗，乃据而采之。"在编撰《嘉庆太仓直隶州志》的时候差点被烧掉，说明尚存于世。

太仓州镇洋县志稿四十卷　叶裕仁等纂

《民国镇洋县志·艺文》著录。顾师轼、王祖畲、汪承庆、徐应台、沈嘉澍、凌锡祺、缪朝荃、王程同纂。按，此稿创始于光绪二年，历二年余成《太仓州镇洋县志稿》四十卷，原议以大仓统属四县，应仍《嘉庆志》例为直隶州志，而嘉定、宝山、崇明三邑志未即脱稿，暂时撤局，书存州署。又当时纂辑者九人，并无总、分纂之别，兹以裕仁年望较崇，取以弁首，俾符全书纪载之例云尔。

昆　山

娄地记一卷　〔三国吴〕顾启期纂

《隋书·经籍志》："《娄地记》一卷，吴顾启期撰。"章宗源《隋书经籍志考证》、《太平御览经史图书纲目》、汪师韩《文选理学权舆》等著录与此略同。启期，生平未详。著有《春秋大夫谱》。姚振宗《三国艺文志》："按,启期始末未详,但据《隋志》所题,知为吴人耳。吴之顾氏,世为大族,自丞相雍而下,不少知名之士。启期又似其字,非其名。"今《文选》《艺文类聚》《太平御览》等书均存有佚文。《太平御览·地部》所存佚文为《文选》《艺文类聚》所不见,推测北宋初编辑《太平御览》时尚未全佚。诸书所引,观岭、华墩陂、洞庭山各一则,内容不出山水范围,地域涉及昆山、吴县。《文选》卷22所录谢灵运《游赤石进帆海》诗李善注所引为:"顾启期《娄地记》曰:'浪山海中南极之观岭,穷发之人,带帆扬越,以为标的。'"不但交代了观岭的方位,还记述了它的导航作用。

昆山续志 〔元〕顾德辉纂

《光绪昆新两县续修合志·艺文二》收录《王同祖三复方矫亭书》云:"窃见昆山有志,自宋直学凌万顷始,今宋志刻本尚存。元至正间,杨谠履祥曾作州志,铁崖先生序之。顾仲瑛刊《昆山续志》,想是续履祥之所未备者。盖履祥与仲瑛同时又同产,而仲瑛素崇重铁崖先生。铁崖叙杨《志》,盛称其有史才,不应仲瑛又自为志有异同也。然此志适丁元末之乱,或虽刻而未行,或行而散逸。观仲瑛《玉山草堂集》所载,当时避兵奔窜,凡草堂所贮图书卷籍丧失大半,则此志之忘亦未可知也。"又云:"季籛《志》去元时不数十年,实为国朝修邑志之首,而羲仲所称未见编入。由前二事观之,则杨、顾二家之志在国初已不存,可知矣。"根据这两段文字记载,顾仲瑛确实曾编过一部《昆山续志》,不过在元末战乱中已经散佚。《信义志稿》卷十七著录元顾德辉著作中有《昆山续志》,并注明"未刻"。

昆山志八卷 〔明〕殷奎纂

《乾隆苏州府志》根据尤《志》著录,且列"杨谦《昆山州志》,明初修"之前。《光绪昆新两县续修合志》卷四十九《著述目录上》亦著录。《嘉靖昆山县志》卷十《人物一》记载:"殷奎,字孝章,笃志古学,于六经无不考。有司聘训导儒学,邑中襃贤纪功、立祠表墓系名教者,皆奎所建白。洪武中,以荐例授郡县职,因母老力辞,调咸阳教谕,尽心教事。在任四年,念其母不置,郁郁而死。卢熊谓其'处家为孝子,饬身为名士,典教为良师'。陈潜夫谓其学行:'出处死生,可谓莹然无瑕者也。'门人私谥曰文懿先生。所著《道统图绪》《家祭仪》《昆山志》《咸阳志》《关中名胜集》《娄曲丛稿》《支离稿》《渭城寐语》,总若干卷。"《宣统太仓州志·艺文》还著录其著《兖州志》《苏州志》《关陕图经》(一作《陕西图经》)。

永乐昆山志八卷 〔明〕范能纂

《乾隆苏州府志》、《光绪昆新两县续修合志》卷49《著述目录上》著录"《昆山志》八卷",《江苏旧方志提要》误作"十八卷"。根据季篯、杨寿夫两人所作《序》文可知,永乐丁酉(即永乐十四年),为了编纂《大一统志》,曾经下诏各府县修志,当时《昆山县志》由范能、盛颐、屈昉等人编纂而成,并逐级送官完事。此事发生在永乐年间,故当作"《永乐昆山志》"。范能,字仲能。少从毗陵谢应芳游,精医善吟,尤工法书。永乐初,被征至郡,力以母老辞,郡从其志。既归,日以诗酒自娱,不入城府,卒年80余。所著有《淞南集》。盛颐,字养蒙,其先大梁人,高祖德肆官苏湖抚谕,始居昆山之高墟。颐三岁而孤,事母以孝闻,长从乡先生受诗，通大义，尤工诗律，善真行书法。永乐十七年，诏求遗贤，守臣以颐应，入见称旨，擢拜江西左布政使，至则清理逋赋，决遣滞囚。凡有设施必简大僚之廉勤者畀之而已，总其成，刚柔缓急，悉协机宜。先是，江西乡试暂寄学宫多奸弊。庚子，当大比，颐择南城敞地营建贡院，严饬关防，得人称盛。乙巳入觐，陪祀南郊，特加宠赉，为忌者所中，落职。宣德初，起南京工部员外郎，三使藩府皆著廉能誉，疾卒南京。屈昉，字季恒，才情倜傥，读书不事章句。尝从军崇明，写怀寄远，诗篇传播，为庐陵杨士奇所知。士奇问昆令罗永年："季恒安在？"永年不能答。士奇曰："君尚不识屈昉耶？"永年有惭色，心识之。还县，适诏举经明行修之士，遂以昉荐授南海县丞。久之，乞致仕，未果，卒官。著有《寓庵集》。

宣德昆山志十八卷　〔明〕季簏纂

《乾隆苏州府志》、《光绪昆新两县续修合志》卷49《著述目录上》著录。方鹏《嘉靖昆山县志序》有"季《志》远矣"一语。季簏生平见《常熟志》提要。范能等人编纂的《永乐昆山志》，后经季簏"校正讹舛，补苴漏遗"，辑成十八卷，得到众人资助，得以刊刻传世。季簏《序》文写于"宣德五年"，杨寿夫《序》文写于"宣德癸丑"，即宣德八年。后世一般称之为"季《志》"。季《志》实际上是《永乐昆山志》的修订版。杨寿夫《序》称："余披观之，自县治以至太仓城，俱画图，其图凡六卷帙，始于沿革，终于题咏，凡十有八。辞简而畅，事备而核。学士大夫端坐窗几，而欲知此邑风土、江山，以为操弄翰墨之助。若一览之，如执璇玑以观大运、如据要会以观方来，皆不劳余力而尽在目中，益信数君子修辑参订之功、锓梓寿传之美，俱为不浅。"可见此志颇有值得称道之处,可惜没有传世,仅存季篪、杨寿夫两序存录在《康熙昆山县志·原序》和《光绪昆新两县续修合志·旧序》中。

景泰昆山志 〔明〕蒋明纂

《乾隆苏州府志》《道光苏州府志》著录。《光绪昆新两县续修合志》卷49《著述目录上》亦著录。方鹏《嘉靖昆山县志序》有"蒋不足征"之评语。《康熙昆山县志》记载:"蒋明,字奎章。少孤力学,举永乐二十一年乡试,授慈利县教谕。宣德初,奏请以元儒临川吴澄从祀文庙,上特允之。明方严廉谨,以道自高。会台使行县,傲慢无礼。明辄避学宫,僦居慈之东皋,决然请去。士大夫不能平,欲为请白。明曰:'吾斯之未能信,何以请为?令请之而得仆仆车马,俯仰颜色,能无愧于心耶?吾先人敝庐可蔽风雨,遗文可示将来,愿为一乡之士垂空文自见耳!'遂归,考订今昔,作《昆山志》,邑令郑达刊行。又注《文公小学》。"后人称蒋《志》。

昆山续志 〔明〕朱氏纂

《弘治太仓州志》云:"半泾,东流出大海。又按,朱氏《昆山续志》云:'自娄门历昆山县以东直达于海者,皆为娄江,俗呼为刘家港云。'"此志讲述娄江而只称昆山,未及太仓,编修当在弘治十年设太仓州之前。

昆山邑志正误 〔明〕王纶纂

《光绪昆新两县续修合志》卷49《著述目录上》有著录。《乾隆苏州府志》《道光苏州府志》著录为"《昆山县志》",不知是否是同一种?《江苏旧方志提要》作"清(代)",误。纶(1460—1534),字理之,以字行,昆山人。伟貌修髯,喜吟善画,为长洲沈周入室弟子。尤工篆隶楷法。阙里重建圣庙东庑,以礼聘往,穹碑大额皆出其手。尝预修《武宗实录》。所居城中隙地数弓,种竹数十竿,篆题之曰"君子林"。另著有《昆山杂咏》《节烈编》《昆山唱和集》。

邑志续补 〔明〕方鹏纂

《光绪昆新两县续修合志》卷49《著述目录上》有著录。《民国昆新两县续补合志》所收汪源渠《序》记:"明志之见于著述目录者凡七家,而周世昌之志不与。今仅见而罕见者,方鹏与世昌两志而已,余无闻焉。"汪《序》末尾署"壬戌秋九月",壬戌为民国11年,即1922年,知《邑志续补》其时尚存。

昆山续志十六卷 〔明〕王同祖纂

《乾隆苏州府志》《道光苏州府志》根据"尤志"著录《昆山县续志》八卷",《光绪昆新两县续修合志》卷49《著述目录上》亦著录作"八卷"。同祖(1497—1551),字绳武,昆山人。少孤。正德十六年(1521)进士,选庶吉士,授编修。绩学有闻。读书中秘,益事宏博。六经子史外,阴阳律历、山经地志靡不记览。为文操笔立书,融畅尔雅。因议礼与张敬孚不合被斥逐。后为春坊校书,迁南京国子司业。嘉靖二十一年(1542)以上书言事忤旨落职。通籍30年,立朝仅5年,时论惜之。著有《东南水利通考》《天元六符图经》《五龙山人集》《载笔录》等。《乾隆昆山新阳合志·凡例》称"今于诸志外,复搜得王司业祖同志稿一十六卷,与顾、方二志互相参考,以成是编",说明该志稿在乾隆年间尚存世,而且有16卷。

雍正昆新志稿十六卷 〔清〕唐德宜纂

德宜,字天申,清昆山人。性孝友,与兄德咸营先祠于澜漕。为文简质,不事藻饰。居恒志存经济。雍正间,尝著《时务策》28条,颇为切要。乾隆元年(1736)荐举孝廉方正,以年老诏授六品顶戴。著有《纲鉴辑览》《见山内外集》《古文翼》《唐诗约编》等。《乾隆苏州府志》之《修志凡例》称"昆、新二邑,近年邑人唐德宜所纂稿本,稍资采择",且在《艺术》门有直接引用"潘澄,字若水,昆山人。性狂,善画。时吴中张宏、陈遵之流皆以山水擅名,澄后起,遂驾其上……",引文最后注明出处为"唐德宜《昆新志稿》"。另外在《列女》门引用两条:"赵氏,农家女,许字唐立期。将婚,夫病死。女闻讣,向隅泣,潜扃户自经死,年二十三。唐氏迎其枢与立期合葬。康熙五十四年事。"又:"颜氏,民颜谷女。两兄相继死,父母贫且病,女誓不嫁,与嫂郁日夜纺绩以养父母,营葬祖、父、兄三世,心力俱竭。卒于乾隆元年,年四十一。"注出处云"以上俱唐德宜《昆新志稿》",可见在乾隆十年前后,此志稿尚存。

玉峰可信录 〔清〕吴镜纂

《昆新两县续修合志》卷50著录。镜,字克明,清昆山人。少善属文,试辄冠军。喜网罗旧闻,遇前贤轶事,邑乘所遗者,纂辑成编,题曰《可信录》。性倜傥好义,乾隆间与同里王寀等倡建永安局,埋葬暴骨,更兴东西义冢。

昆山续志十六卷 〔清〕周奕钫纂

奕钫,字韩锡,邑诸生。性坦直无城府。家宾曦门外,父爱马鞍山之胜,寓居山巅华藏寺。奕钫诣寺同寝食。喜考证邑中故实,至老不倦。年八十与乡饮。著有《昆山续志》《马鞍山志》《星溪志略》《东禅景德两寺志》等。《民国昆新两县续补合志》所收汪源渠《序》:"周奕钫、戴镕均有所著,世俱不传。"汪《序》作于民国11年(1922),知《昆山续志》此前已经亡佚。

昆新志略九卷 〔清〕戴溶纂

《江苏旧方志提要》作"戴镕",且云:"民国12年(1923)前已佚。说详上。"溶,字文江,号竹山,清昆山人。父彦翀,邃于经史。溶幼禀庭训,长益发愤为文章,郁律苍健,得《国策》文气息。喜搜求邑中掌故,就吴镜《可信录》详加参考,成《志略》10卷。卒年57。

吴 江

〔元〕吴江图经

莫旦《天顺松陵志》自序:"吴江,古松陵镇也……而志犹缺……旧有《图经》一编,莫详创始,而纪载弗经。"《弘治吴江志·凡例·事实始末》:"前元有旧《图经》,残缺不全。本朝洪武十一年、永乐十六年、景泰五年俱曾奉文纂修……今取三稿与前《图经》合而一之。"是此《图经》编纂于元代,莫旦纂辑《弘治吴江志》时已残,但尚未全佚,书中多有失实不经之处,凡可观者已被采入《弘治志》中。

洪武松陵志 〔明〕窦德远纂

松陵，吴江县之古称。德远，吴江四都充溪乡人。洪武中以儒学征授礼部主客郎中，后升本部侍郎。有文名。《弘治吴江志》卷10《荐举》有传。吴江自后梁开平三年（909）置县，至元代元贞元年（1295），户口至夥，遂升为州。至正十六年（1536），张士诚入据吴江，始筑县城。至正二十六年冬十一月，朱元璋兵自太湖直抵吴江，驻兵于县西石里乡，领兵将领徐达以大义晓谕全州父老，吴江遂归附。洪武二年（1369），仍改州为县。窦德远以吴江历史悠久、疆域广阔、民阜物丰、古迹众多，不可不纂辑志书，于是搜揽众说，采摭遗事，在洪武六年七月纂成是书。此志未刻，卷数不详，凡分5目，首疆域，次土产，次人物，次胜迹，次异闻。据《崇祯吴江县志》卷前引用书目，可知此志明末尚存。《康熙吴江县志·别录》云："窦德远，四都人。洪武初，以明经授礼部主客郎中，擢本部侍郎。尝辑《松陵志》，今不传。"则康熙年间此志已佚。窦德远于"洪武六年七月既望"所撰《松陵志自序》及书中目录，今尚存于《崇祯志》卷首《旧序目》中，《嘉靖吴江县志》也收有该序。

永乐松陵志 〔明〕佚名纂

不知纂者姓名，志名则据前后推测。《弘治吴江志·凡例·事实始末》："前元有旧《图经》，残缺不全。本朝洪武十一年、永乐十六年、景泰五年俱曾奉文纂修……今取三稿与前《图经》合而一之。"可见，此志在莫旦纂辑《弘治吴江志》时尚未佚。

正统增辑松陵志 〔明〕吴本纂

本，号云岗，明吴江三都西乡人。此书纂成于正统七年

（1442）。所谓增辑，系相对于窦德远《洪武松陵志》而言。早佚。吴本《增辑松陵志序》今存于《崇祯吴江县志》。据自《序》："《松陵志》，余家藏之久矣……其原本所类古迹、土产、人物、异闻，具少。余取《图经》及郡志诸书，凡系松陵者则采摭增入，用广其书，以便观览……时正统七年龙集壬戌律值夷则既望。"增辑内容，据《崇祯志·旧序目》，为山水、风俗二门，详情已不可考。《嘉靖吴江县志》《明清江苏文人年表》也都记有吴本纂辑《增辑松陵志》事。

景泰松陵志　莫旦等纂

旦（1429—？），字景周，号鲈乡，明成化元年（1465）举人。博雅好古，为一方师表。历任新昌训导、国子监学正，年80余卒。编著有《鲈乡集》《新昌县志》《贞孝录》《吴江志》《吴江续志》等。吴江旧志，原有《图经》一编，但记载多有不实。明洪武、永乐中，虽屡有纂修，但一向没有刻本，而传写舛讹往往令人不能卒读。景泰五年（1454），朝廷诏修《一统志》，檄各直省、府、县修志，吴江以莫旦等人总其事，即此志。《乾隆吴江县治·通例》将此志列入"不甚典核而稍可采者"之一，说明在乾隆时尚未佚。《乾隆吴江县治·园第》有云："止庵，在顾墟北，宋吴郡开国侯魏宪之第。见莫旦《松陵志》。"

天顺松陵志二十卷　〔明〕莫旦纂

旦，生平见前。《弘治吴江志·凡例·事实始末》："前元有旧《图经》，残缺不全。本朝洪武十一年、永乐十六年、景泰五年俱曾奉文纂修，意当时必迫于限期，拘于凡例，未免得此失彼，而稿之存者又多传写舛讹，人亦罕见。"故莫旦完成《景泰松陵志》后又重立体例、目录，参考府志，访问故老，删芜补缺，订正讹误，历1年而于天顺元年（1457）初编成《松陵志》20卷。后经县丞季仕进等人捐俸付刻，其父闻之，以书诫之曰"古人著书多在暮年……汝为此书，何遽刻之骤也"，遂停版。古人称引书名并不十分严格，如《战国策》又称《国策》《国事》《事语》《长语》《短长》《修书》，樊绰的《云南志》又名《南夷志》《南蛮志》《蛮书》等。因松陵系吴江古称，所以此书有时又称"吴江志"，后遂又因此误作《松陵志》《吴江志》二书。但考之莫旦《松陵志自序》，编者明明说"名曰'松陵志'"，无疑作《松陵志》者是。盖名松陵志用本名，名吴江志用概称。此书共20卷，凡27类，每类之前均有小序。佚于何时未详，内容亦不可考。莫旦《松陵志自序》今存于《嘉靖吴江县志》《崇祯吴江县志》中，序末署"天顺元年丁丑春三月既望"。

成化吴江县志八十卷　〔明〕史鉴撰

鉴（1434—1496），字明古，人称西村先生，吴江人。明初名臣史仲彬曾孙。明成化十一年（1475）荐起贤良，弘治元年（1488）荐文学公正。博学洽闻，肆力于诗文，尤长于史论，并深究钱谷、水利之事。著有《小雅堂日抄》等多种。成化、弘治间，与黎里尹宽、平望曹孚、练堂凌震号"四大布衣"。此志《明史·艺文志》未载，《四库全书》及公私家书目也未收录。吴江县志中，仅崇祯、乾隆二志载之。《崇祯吴江县志》卷19《典籍》录："《吴江县志》八十卷，史鉴撰。"又清史积中辑《史氏家乘》卷15"史鉴"条目下载："《礼疑》《礼纂》《吴江县志》《西村集》《西村杂言》。"卷19《著述》录："明西村府君讳鉴：《吴江县志》。"据《乾隆吴江县志》，是志成书于明成化年间。采类目体，分八十卷，设12类75目：天文类：星次；地理类：叙县、叙山、叙水、城池、坊巷、乡都、市镇、村墟、塘、桥；宫宇类：县治、坛壝、学校、庙祀、仓场、行署、阊属、亭馆、营寨、铺舍；版籍类：户口、军户、匠户、富户、田赋；恩泽类：赐租、貤封、优老；政令类：廪禄、赋法、义役、水马贴役、盐钞、税课、漕运、役法、水利、存恤、赈饥、劝分；秩官类：长贰、师儒、武卫、属吏；选举类：甲科、乡科、岁贡、辟荐；人物类：名臣、儒林、文苑、良吏、孝友、隐逸、流寓、名宦、方技、列女、僧道；风土类：俗尚、岁时、物产；名胜类：形胜、古迹、园第、冢墓、寺观、神祠；纪载类：典籍、灾祥、式事、异闻、杂记、集诗（见《崇祯志》卷首《旧目》）。《乾隆吴江县治·通例》云："旧吴江诸志之典核可信者有五：一明成化间莫旦《志》……一成化间鉴《志》，其书乃写本，藏于家。鉴后人或增益之，所传多异，然真笔自可考见。"可见，该志不但清乾隆年间尚存，而且由其后人增益，内容无考。又"《道光吴江县志续稿》采用书目"著录为"松陵志"。据此推测，该书在道光年间尚存世。

正德吴江续志三卷 〔明〕莫旦纂

莫旦于早年纂成《吴江志》，40余年后以学正致仕家居，因闲暇颇多，取阅前志，发现旧事间有失收，而此后新事是书未备，而失收者当增补，未备者宜续入，于是采撷有关吴江的事物，新旧毕录，辑为此志，厘作3卷，并请县学教谕梁某略加校正，由好义者捐资相助，付刻刊行。《乾隆吴江县治·通例》云："旧吴江诸志之典核可信者有五：一明成化间莫旦《志》，一弘正间旦《续志》……皆有刊本传世，惟旦《续志》散佚耳。"可见，兹志（即旦《续志》）在乾隆年间已佚，详细内容不可考知，体例推测当与《弘治吴江志》相同。吴江人吴洪作有《吴江续志序》，序末署"正德二年丁卯春王正月人日书"。正德二年当1507年，人日为阴历正月初七，由此分析，此书应完成于明正德元年（1506）。吴洪之《序》今见于《嘉

靖吴江县志》《崇祯吴江县志》《乾隆吴江县志》。从本书见之于
《道光吴江县志续稿》采用书目"推测,该书在道光年间尚存世。

嘉靖吴江志稿 〔明〕陈策纂

《嘉靖吴江县志·文苑传》:"陈策,字献可,博极群书,为诗文
冲畅典核。嘉靖改元,领乡荐,授曹学教谕,卒于官……所著有《说
钤》《九华集》《东行集》《曹县志》。"并未提及陈策编过县志。但
徐师曾《读陈氏吴江志》有云:"闻余里人陈献可亦尝属草。献可
署教曹邑,卒于官。余就其家求之,稿已佚矣。则幸君明之书尚存,
余得取之以参校也。然献可有《曹县志》已锓诸梓,观彼亦足以识
此矣。"从徐师曾文章中可知陈策在曹县教谕任上编纂过《曹县
志》,并已经出版。熟悉志书体例的他,在工作之余编纂家乡的志
书,也是情理之中的事。徐师曾在编纂《嘉靖吴江县志》时,想多
方寻觅前人编纂的旧志,听说陈策曾经编过县志,特意到陈策家中
"求之",发现此志已佚。也许是个稿本,没有刊刻流传,因此后世
旧志中也不见征引。

嘉靖吴江志稿 〔明〕陈理纂

理,字君明,明吴江人。诸生。善古文,文笔雄健,博通子史、
古今杂志及氏族,自学著书。五举乡试不第,遂以著述为念。有
《同川集》《宋元遗事》《四礼规》。叶燮《康熙吴江县志》卷35
《文苑》有传。按明徐师曾《新修吴江县志序》,徐师曾因吴江以
水利为要政,而莫旦《吴江志》独缺,且吴志多芜词赘语,故早有
改作之志。另据徐师曾《读陈理〈吴江志〉》:"嘉靖丁酉……越
十年丁未,叨举春官,以疾乞归,思毕前志(指改作莫《志》),闻
陈君明氏一尝修之,未就而卒。余虽及见其人,而书则恨未睹也。

会其孙从余问《易》，持稿见示，余受而卒业焉。其书视莫氏，删者过半，增者半，中间所录，亦或不尽可人。"可以推知：1. 陈理《吴江志稿》纂于嘉靖十六年至二十六年（1537—1547）；2. 此编是一部尚未完成的志稿；3. 其书以莫旦《吴江志》为蓝本，增补、删削各相半，体例也应和莫志相仿；4. 书中内容记述得并不完善；5. 陈理之孙既已从人学习《周易》，说明其孙已经成年，则陈理卒时至少应 60 岁左右，故陈理的生活年代约在成化、弘治、正德、嘉靖期间。又，《明清江苏文人年表》也记有陈理纂辑《吴江志稿》事。

松陵别乘 〔明〕周永年撰

《乾隆苏州府志·艺文二》著录。《康熙吴江县志》称其"所辑有《吴都法乘》《中吴志余》《吴郡艺文志》《松陵别乘》等书，藏于家"。《乾隆吴江县志·通例》云："诸志之外，旧人所别撰而可取资者有周永年之《松陵别乘》、潘柽章之《松陵献集》、朱鹤龄之《松陵文征》三书。《文征》于邑志诸类皆具；《别乘》止四类，名宦阙，仅存人物、诗文与杂志，亦颇散佚；《献集》止人物、官师二类，然并详而确。"可知本志在乾隆年间尚存，内容涉及名宦、人物、诗文、杂志 4 类，其中名宦部分已经散佚。在《乾隆吴江县志》编纂人员眼中，该志的可信度还是较高的。《松陵文献序》云："吴江始立县在钱氏有国时，志书昉于朱长文之《图经》。窦德远、吴本、史鉴、陈理、周永年皆有作，并佚不传。唯莫氏、徐氏二志存焉。莫《志》详而体裁未备，徐《志》简而疏漏甚多。"

续吴江县志 〔清〕陈绍庆撰

《乾隆苏州府志·艺文二》《同治苏州府志·艺文四》均著录本

志。绍庆,字思白。著有《吴江学志》。《同治苏州府志·艺文四》著录董尔基《续吴江县志》时注云:"是书顺治间纂。沈《志》云:全本陈孝衍稿。"疑陈绍庆即陈孝衍。

吴江县志 〔清〕吴重光撰

《道光震泽县志续稿》卷十《书目》著录:"《游西洞庭记》《湖浦志》《银藤诗草》《吴江县志》,吴重光撰。"重光,字子裕,清吴江人。

邑乘备考 〔清〕顾我锜撰

我锜(1689—1734),字湘南,号帆川,清吴江人。邑诸生。博学强识,为诗古文,提笔疾书,千言不竭。从陈沂震游,与嘉兴高孝本、同邑周龙藻等相倡和。大学士鄂尔泰官江苏布政使时,称其为南国人才冠。雍正九年(1731),与修《江南通志》,分任艺文,兼及人物、江防、职官诸类,以修志积劳发疾卒。著有《通鉴纲目志疑》《堪著斋杂志》《浣松轩集》等。《邑乘备考》在《乾隆吴江县志》卷46、《嘉庆同里志·艺文志上》有著录。

苏州佚志序跋汇辑

苏州府

洪武吴郡广记

吴郡广记序 〔明〕宋　濂

　　吴在周末为江南小国,秦属会稽郡,及汉中世,人物、财赋为东南最盛,历唐越宋,以至于今,遂称天下大郡。然其因革盛衰之际,纪载于简册者,自《吴越春秋》《越绝书》以下,若晋张勃、顾夷,隋虞世基,唐陆广微等所述,及《元和郡县志》《寰宇记》,各有所明。逮宋之时,罗处约有《图经》,朱长文有《续纪》,范成大、赵与籞皆撰类成书。厥后有章阥者,病其未完,作《吴事类补》。宋亡,书颇散轶。元赵仪凤为总管,尝集诸儒,论次遗阙,会改官,不果成。

　　入国朝,吴县教谕卢熊闵前志之纷乖,以为苟不合而壹之,恐不足示来者。乃揽众说,撷遗事,芟烦取要,族别类分,为序例一,以举其凡;为古今记一,以记其事;为总序一,以核其名;为表二,以著职官、氏族之详;为志八,以述地理、都邑、文学、祠祀、食货、礼乐、兵防、天官之属;为列传若干,以见古昔人物之美,其目曰名宦、名臣、儒林、文艺、良吏、忠义、孝友、高行、隐逸,而列女之节、方伎之良及其事有不可弃者为杂传附焉,总之为卷五十。其后有集文十卷,以备文艺之实;为外记五卷,以存神仙、浮屠之可考者,题之曰《吴郡广记》。于是数百里之内,二千载之间,其事可按书而得矣。知府庐陵李侯亨嘉是书有系于政也，将命工刻板以传。丁内艰去。已而高邮汤侯德来继其职，遂督成之。熊用荐者出，由工部照磨为中书舍人，以余有同朝之好，请序其首。

古者列国皆有史官，下至州闾，莫不有之，然不过记言书事而已。及汉司马迁、班固创为序、纪、传、志、年表之法，由是四海之内无复遗事，信史氏之善者也。后世之郡得专社稷、山川之祭，有政令、教化之施，俨如古诸侯之国，固不宜无所纪述，而况于吴尝为封国，非他郡之比者哉！历汉至今，虽间有所作，而无完文以考其事物之全，诚政之阙者也。熊独能毅然以笔削为己任，仿《史》《汉》之法，损益旧典，为一郡成书，岂非好古之士乎？李、汤二侯能知所重而图其传，亦可谓达于政体者矣。后之人览是书，治身居官，取前人之成宪以为法，将见道德兴而习俗美，勾吴之区与邹鲁无异矣，则是书之为教不亦大哉！余善熊独能急世俗之所缓而笃于好古也，为序其概，俾刻焉。

（辑自《光绪昆新两县续修合志》卷四十三《艺文一》）

成化姑苏郡邑志

姑苏郡邑志序　〔明〕刘　昌

鄱阳丘侯守姑苏之再明年，余归自岭南。适中书舍人李应祯贞伯、阳武训导陈颁永之皆以告家居，以尝有斯文之契也，相与理姑苏遗迹，而及于礼文典则之事。侯曰："吴自泰伯以礼让立国，至言游北学于孔子，而仁义道德之说益推达而充周。其后若严助、朱买臣之词华，陆澄、陆元朗之博洽，范仲淹父子之忠贤，尹焞、魏了翁之道学，他如高人逸士则有张翰、陆龟蒙，皆出于斯郡而望于天下者,文献之实有征不诬。今既千有余年,出为等伦之魁,列为法从之贤而郁为儒宗者,且若山立水涌,前者导而后者继也,不亦盛哉!当时领节镇如李栖筠,如李德裕;典郡邑如邓攸,如韦应物,如白居易,以及我朝诸闻卿又复俊伟光大,足以名今而垂后,风声所被而俗效之。姑苏文献之成宜非一朝夕也。然盛则衰,醇则漓,转移之机厥有所寄矣。吾欲考求遗礼、订正古乐,以隆时祀,以表章乡贤,齐整风俗,此必有所师资,而名物遗矩载于前志,多散逸阙漏,无所稽裁,补而辑之,实惟二三君子有赖。"

余谢不敏。李君曰:"此侯之惠教吾苏也。"于是相与诺之。侯复聘高年、延俊彦,志意真确,期于克协。乃法范文穆公成大所撰志,参以百家,裨以群史,人以代著,文以事从,郡总而邑分之,凡一百卷,李君、陈君诸俊彦之功为多。发凡证例,余亦岂敢?抑讨论绅绎,则窃欲勉焉耳矣。

侯名霁,字时雍,天顺庚辰进士,以刑部主事拜今官。高年文学之士则杜琼用嘉、陈宽孟贤,乡贡进士施文显夹伯、陈璠玉汝,儒士贺甫美之、周京元基。

成化十年正月既望。

(辑自《正德姑苏志·旧序》)

崇祯苏州府志稿

重修府志序 〔明〕王志坚

吾郡之有志,盖始于宋范文穆。越百余年,本朝卢中舍有作。又百余年,王文恪复有作。其书详略不同,各有体裁,卓然名世。

正德以来，未有继者，百三十年间典章制度、士习民风尚皆缺焉。

天启中，中丞海澄周公、直指蕲州王公慨然有兴复之思，命郡守同官寇公、郡授江夏公□咨访文士，竟以时方多事中寝。

今上龙飞之明年，中丞唐□曹公、督学上虞李公、直指汉川王公、兵宪乌程吴公、郡守魏□王公念兹坠典，刻期举行。会郡守河内史公至，加意修辑，诸事得有次第，于是不佞志坚获执铅椠，从太仆吴公、宫谕文公之后，始合三旧志，综其义例而损益之，附以近事。其大指皆吴、文二公所裁定，搜采则寇公所得士王生焕如、史生兆斗、周生永年、龚生方中、黄生翼圣等分任之，或互相资助，兼摄而后粗备。辑绩成篇则不佞实竭旦暮之力，罔敢少懈。始于己巳六月，迄于辛未四月，得沿革、治乱、山川、城池、学校、驿递、乡都、封建、古迹、第宅、园亭、僧坊、道院、灾祥、风俗、物产、人物等二十余巨册。会有楚臬之除，弗遑卒业，所缺户口、赋役、水利、兵戎数事，则王、周二生与家弟志长、志庆共绩成之。而先所得职官、科贡、卫所、关隘、桥梁、坊巷、公署、坛壝、祠庙、仓场、坊表及郡境分总图说，则王生独力所构也。

夫郡邑有志，盖原本于古列国之史。史有编年、纪传二体，郡邑诸书亦然。《越绝书》《吴越春秋》本于编年者也，范、卢、王三志本于纪传者也。二体并行，几于日月寒暑之不可偏废，然郡邑书宜用纪传。善乎！刘氏之论编年也，曰："事当冲要必盱衡而备言，迹在沈冥不枉道而详说。"施此于郡邑，挂漏必多，故文穆诸贤必权舆于子长。若治乱、沿革，纪也；若封建、封爵、职官、科第，表也；若分野、灾祥、山川、方域、赋役、兵戎，志也；名宦、名臣，列传也。体既一定，惟有奉以从事。旧志所有而今裁去者仅氏族一志，考之他志，或缺斯制，中舍创立，实仿夹漈《补略》。顾谱学之废久矣，旧志所载殊寥寥，徇俗附会，恐有遥遥华胄之讥。今止据实略见于各传中，谱派已自昭然，不必另为一门也。其他王生议补诸类，或旧志所偶缺，或后来所增置，质文损益与进偕行，起三公而质之，当必有不得不议补者。不佞所惧者，吴为国家股肱，郡政教俗尚常为海内望，操笔墨而纪事者，当极天下之选。

尝闻范《志》之成，何、李二进士，汪泰亨等三广文佐之，中舍则与弟熙、子彭祖扁舟田野，从故老访问，久之始成书。王《志》始于刘参政、李中舍、陈司训，不久罢去。已而吴文定草创未终，后得王文恪，佐之杜侍御、祝京兆，蔡、文、朱、邢四先生，诸贤相继，凡历三十年而后就。然观京兆与文恪书，盖戛戛乎其难也。不佞款启寡闻，使在前贤门下，无异蔡家厨下选葱婢。诸君虽一时之俊，要不能逾昔人。乃欲以二三年之力，步武三公，不亦难哉！

虽然谚有之"寸有所长"，今新旧志具在，读者试加考订，其必有以处之矣。方今东忧辽、西忧插，而北忧流贼，东南忧海寇，独吾吴中荷上蚨蠓，及诸公绸缪之力，安于覆盂。不佞辈得以耕凿之暇，考镜往事，掇拾遗文，勒成一代之书。诸公又为板行之，以为征文考献，地亦厚幸矣哉！

王生留心郡事已二十年，山陬海澨，寻常所不到，皆尝亲履。今志中潜德，僻事名物，象数琐屑之事多出其手。不佞借其力以成书，不敢攘美，故特为著之于篇末云。

按：此书仅存《人物传稿》十四册，余皆散佚，录此序以见当日秉笔者慎重如此，而竟不得传，为可惜也。

（辑自《乾隆苏州府志》卷末《旧序》）

吴 县

万历甫里志

甫里志原序　金梦祥　问川

　　志书之作，所以纪一代土风、人物，以备后之观省者也。故上自畿甸，下至郡邑，莫不有志。而镇独阙如，以微不足志也。夫十室之邑，必有忠信，其小与大曷计焉？

　　吴门东镇为甫里，虽僻处江滨，然长、昆接壤，民物殷阜，而又先贤天随故里，清风高节，百代瞻仰，则地不足志而人亦不足志耶？

　　嘉靖间，吾党亦有作者，其书散逸，不可复考。一日，孟昌严子以先世维学先生所志示余，亡者过半，而诗文仅存，属余补辑。夫书以传信，史家事也。余岂若人，敢滥名载籍，为青蝇之玷？顾世俗衰薄，耳目日非，慨然有怀古之思。而孟昌所请，适与意会，遂为僭逾。

　　盖志之作，患有四失，喜夸诈则逞浮词，任爱憎则多毁誉，崇势利则遗贫贱，事容悦则徇私嘱。用是志多失实，大非春秋直笔之义。余虽不文，于四者不敢诬也。

　　甫里自明兴以来，人文化洽，名卿贤士、馆娃宫秀，挺然出于其间。毋问出而事功、处而德业，生为操守，死为义烈，而于焉属辞比事,必直而核、曲而中,质诸其人无愧,反诸吾心不欺。苟非此例,敢置轻重其间哉!惟是草野管窥,无与达观而懿行卓荦不能尽书。岂荆山之玉、郁浦之珠,止于所及耶?是故冠贤祠于寺院之首,正学、异趋之辨也。序征辟于科目之先,德行、文艺之分也。士类次乎宦游,隆杀之定分也。女节著于终篇,纲常之贯彻也。虽事属一隅,若不足数,要以居是里而不知其里,则几席之下且有遗焉,况其远者哉!故志此以便自迩自卑之一览,则知是里百年上下土风民俗必有感发而兴起者。

是集也,旧本分为前后,前者尽佚,不佞为补,而后仍其旧云。

万历丁酉吉旦,玉山居士。

崇祯甫里志

甫里志旧序　赵魏史甫阳

甫里之志,自昔里中诸君子概殷殷致意焉。乃侦潮听风,概不无作室道旁之虞而枙。余年逾斫轮,悬鹑陋室。兹春,不速之客有寿卿陆子至,适余檐下负暄,促拊余背曰:"志事是在汝!"已而许孟宏、仲谦、叔尹、季通、幼妓诸昆季至,仍奥之曰:"此在先生当为第一件事、第一卷书。其勿稽。"余蒙众嘘,业已声诺。因朝披夕誊就之,而详之或嫌芜,约之或嫌漏。且抚卷叹曰:"志事艰哉!昔郑之为命,草创讨论,修饰润色,萃四长,完一美,无嫌众为政也,而讵余一朽任也?"兹集也,以经始有若严维学,以纂修有若马子问,以汇辑有若金问川,以补遗正误则寿卿任焉。而余复何事?弟激浊扬清,微有管窥云尔!乃孟宏诸昆季赞襄之绩,良不为少者。集成,赘数语于篇端,俾后之览者知溯功于诸君子。不然，余即宓不齐也，斯焉取斯？若曰是志东里，更请俟大手于异日。

崇祯二年己巳孟秋三日。

（以上辑自《吴郡甫里志》卷八《庠员文》）

灵岩新书

灵岩新书序　〔清〕沈德潜

山志所以补邑乘之阙，然必简而不漏，详而能精，斯足传世行远。吴中山志，旧推高士韩君望《阳山志》、太史汪钝翁《尧峰山志》。特是阳山势极崇峻，而名胜无多；尧封地居僻寂，鲜邃壑危崖，惟灵岩一山，拔奇挺秀，袁宏道所谓"山不甚高而幽奇甲于吴中"者也。山有馆娃宫、采香泾、琴台、砚池诸迹。下瞰太湖，望洞庭两山滴翠浮碧。左连木渎，万家烟火历历可数。东晋陆司空玩舍宅为寺，而尊宿比肩，郁为禅窟，非惟明流秀嶂，与他山争奇已也。历代以来，数名区者，必曰灵岩。迨于国朝，圣祖翠华临幸至再，御书宸藻，照耀山谷。今皇上巡狩江南，建行殿于山椒，省方问俗之暇，驻跸登眺，到处留题，石栈云林，咸邀荣宠，诸名岳莫敢比肩矣。先是，宋朱伯原作《琴台志》，明黄伯传作《灵岩山志》，国朝方外继起，作《灵岩记略》，但载泉石丘壑、缁流梵宇，其他阙如。侄孙香祖毅然增修，逖稽史传，渔猎旧闻，断碣丰碑，靡不搜访；高人列女，咸为表章。下至方物工技，无不具焉。分为三十六门，而以巡幸冠于篇端，志尊君、推本原也。君子不忘于乡，而后能及于天下，香祖之意可谓厚矣。向予寓居山麓，思辑成一书，备名山掌故，而有志未果。读是编，叹香祖先得我心也。尤爱其采入孝、义二门，孝则必友，为政家庭；义非任侠，惠周闾党，可以敦人伦、美风俗。自兹力田者务稼穑，修学者勤诵弦，此乡成道德之乡，则志之所关匪小。而文章之繁简工拙，其一一中度，又为第二义也已。

（辑自《归愚文钞余集》卷三）

太湖志

太湖志序　刘　昌

　　蔡君景东既著《太湖志》，其子蒙，字时中，载之来京，以授其友人刘昌。昌读之一过，乃言曰：浩哉博乎！何蔡君之善于著书也。其严正，如终南云收而众皱毕露；其纤悉，如数罟绝流而细鳞具举；其大义特书，如武库既开而象齿犀角充斥左右，可玩而可爱。浩哉博乎！蔡君果何自而得之？将山林日长，考古而有闻乎？或酒酣吟余，从山夫野老收拾于烟云冷淡之墟乎？抑天地所秘、古今所贵者，将于是乎大发而显而有托于蔡君乎？浩哉博乎！何蔡君之善于著书也。

　　昔杜佑尝言："言地理者，在辨区域、征因革、知要害、察风土。"呜呼！此志一邑一郡与大而天下则可，如偏记一隅焉，虽所谓"纤介毕书，树石无漏，动盈百轴"，未可谓不知要也。太湖以东南巨浸而附于吴邑，则亦一隅耳！蔡君之著书，乌得而不浩且博乎？

　　湖有两洞庭山，蔡君生西洞庭，簪缨蝉联，至于今未艾，而东洞庭当正统己未，施君槃赫然出试天子之廷，为天下第一。盖一邑一郡有不能得者，而振于是，则天地所秘、古今所贵者，正兹大发而显、有托于蔡君矣。蔡君之于著书,乌得而已乎?

昌同年陈御史叔绍尝论舒州杓之制简且陋,无足尚者。以太白之诗而千载传闻之,苟未见,必以为贵如宝玉;见之,乃直简且陋物耳!由是推之,则蔡君之书行,不独显此隅人物、风土之美,虽草本、禽鱼、器物、泉石之类,中亦有幸而遭者也。

(辑自《吴郡文编》卷三《志序三》)

常　熟

宣德琴川新志

琴川新志序

　　郡县之有图籍,从古为然,为政者之不可废也。凡山川之险易、土壤之肥瘠、物产之美恶、民庶之多寡,按图考籍,可得而知也。吾闻诸君子曰"前代为相者,有一图谓之格范",道里远近、钱粮军民之数,一览可得。谓如某所凶荒当移某所之粟以济,某处叛乱当发某处之兵可平,岁中有兵荒之费,则无敢动作,一切用度皆减。为国尚然,况作邑者乎? 一邑虽小,地有高下,则旱潦之不同;土有肥瘠,则贫富之不同。民数登耗、粮赋增减,率繇图籍以考阅,其可废乎?

　　余在翰林预修《永乐大典》,充副总裁官。将载入天下志书,必先领略其概。凡前朝所述,皆以郡名,如《吴郡志》之类。洪武八年新修者,则以府名,如《苏州府志》之类。大率皆因旧增新。余但齐其凡例,削其冗长而已。

　　宣德庚戌,余致翰林事归。适上虞郭公世南縣尝熟簿晋知县,政通人和,居多暇日,始留心县志,访得旧本,特以示余,请曰:"圣人能言夏殷之礼,而杞宋之文献不足,故不可征。今幸旧籍未亡,遗老尚在,于是不删正之,则后将兴不足之叹矣!"

　　余受书考阅,自宋庆元丙辰县令孙应时创修之,嘉定庚午令叶凯增益之,淳祐辛丑令鲍廉加饬之,书始备。又十有四年,宝祐甲寅,寓公丘岳始叙之。至正癸卯,知州卢镇重锓诸梓。又二年乙巳,先师陆先生景元请叙于金华戴叔能,刻于编首。前修有云:"文章作与不作,无损益于人者不作可也;作而有益,不作遂为缺典者,则不可不作。"县志自至正癸卯至今七十有余岁,凡郡邑之沿革,经界之广狭,粮税之增损,城市之变迁,官制之改易,人材之继出,不厘正增益之,诚为缺典,故不可不作也。其诸损益,已见凡例,兹不复出。

　　宣德九年岁次甲寅八月初吉,致行在翰林院国史修撰事、承务郎邑人张洪序。

琴川新志后序

　　琴川,常熟之别名,旧无志书。宋庆元丙辰,县令孙应时始创修之。历十有五年,嘉定庚午,县令叶凯增饰之,列叙县、叙官、叙山、叙水、叙田、叙兵、叙人、叙物、叙祠、叙文为十类。更四十有四年,宝祐甲寅,县令鲍廉旁求博采,又增益之。后五十有一年,元至正癸卯,知州卢镇重锓诸梓。及今七十一年,事迹寥远,漫无所稽。旧板缺蠹,日就模灭。南为主簿时,尝留心于此,力有未遑。今忝县正之后,欲寻前政之轨辙以贻于后,适翰撰张先生休致来归,因搜罗事迹,求其指摘,完旧益新,号曰《琴川新志》。

　　嗟夫!人之志趣不同,故其设施或异。然作邑之道,不观夫户口登耗,则不知聚庐托处之休戚;不观夫物产盛衰,则不知出作入息之勤惰;不观夫俗尚美恶,则不知令行禁止之得失。故此编之存,从仕于斯者,得以为监,且以为喜惧焉。

宣德九年甲寅九月良日,常熟县知县上虞郭南序。

（辑自《民国重修常昭合志》附录）

按:新志八卷,弘治、嘉靖纂修时盖皆见之。今遂遍搜不获,徒勤梦寐。修撰,博雅君子也,况生于洪、永、宣、正间,据所见闻,即成信史,其体例既一准宋志,岂因宋志而竟接以国朝之事,不复及卢镇所续耶?抑笔削卢志,并明兴次第增入耶?无从质修撰于九原矣。

龚立本跋。

（辑自《乾隆常昭合志·旧序》）

太　仓

太仓事迹

太仓事迹序其一[1]　〔明〕陈　伸

　　夫地理沿革之不同,城郭变迁之或异,千年百祀,奚无盛衰?详观太仓,本田畴之村落,濒大海,枕长江,阻三泖,恃五湖。元初,藉朱司农营卜第宅,丘墟遂成阛阓,港汊悉为江河。漕运万艘,行商千舶,集如林木;高楼大宅,琳宫梵宇,列若鳞次。实为东南之富域矣。

　　向因海贼之虔刘、盐伦之割据,第宅煨烬,乔木赭伐,为丘为墟。于是,江河日益以涸,士民日益以窘,深可叹哉!

　　皇朝龙兴四十年来,士民屡沾天泽,未遑复旧。予因故老之相传,及遗文之可考取,私撰《太仓事迹》,序朱清传,恐后之君子泯而无闻,书写成帙。呜呼!僭逾之罪莫逃,继述之情可恕。或有好事英彦,为我同志,烦工锓梓,以为他日郡志之采拾,诚为万幸。

(辑自《宣统太仓州志》卷末)

1　此乃作者自序,据《吴郡文编》卷八《志序八》作"太仓事迹序其一"。

太仓事迹序其二 [1] 〔明〕陈　伸

太仓,古娄县之属村惠安乡。三国吴孙权和好于辽公孙渊,始置仓于武陵桥北,因以名焉。历晋、唐、宋,田畴半辟,居民尚不满百。元初,朱清自崇明至太仓,开海运,通直沽,舟师货殖,通诸蛮夷,遂成万家之邑。元贞元年,升为昆山州。延祐元年,建州治于陈门桥西南。时达鲁花赤那来莅州事,廉敏公勤,故富豪士民争趋事焉。是以,官第甲于东南,税家漕户、番商贾客云集阛阓,粮艘商舶、高樯大桅集如林木,琳宫梵宇、朱门大宅不可胜记,四方谓之天下第一马头。

至正十二年三月,海贼方国珍率浙东海岛贫民千余,操舟突入刘家港劫掠。时民不知兵,罹于烽火者十万余户。惟周泾南漕户杭和卿,募义勇格战一十三日。有僧谬忓首,奋勇力斗,死千余人,竟遭贼害。元遂立水军万户府,除参政董拎霄为副万户,立定海、靖海、宁海三千户所举富豪民为千百户。于是,军声稍振。十四年春,海贼复至,大挫贼舟,枭其众于半泾。十六年春,盐伧张士诚据吴。市民丁仲得系方氏家臣,夺府州印,降于张氏,命仲得为伪州尹。海贼方氏已奉正朔,著为海道防御万户,统温、台、明三州舟师,克复太仓。时民心未附于张氏,伪将军吕珍守斋子桥,筑营浚濠。缘漕民倪蓬头结党方氏,大破张氏军,戮士卒五千人。惟吕珍因勇获生,被数枪。时太仓千门万户俱成瓦砾丘墟矣。方氏退兵,伪将高智广、浦万户、刘千户始筑城以御之,招流民以复业。市之方隅,亦不下二万余户。至正己酉岁,张士诚遣元中丞蛮子海牙求归附于江浙行省,丞相达识铁木儿以便宜行事,除士诚太尉。诸将归正,

---

次第以授名爵。方氏复集三州之舟师，大举来寇。赖将军吕珍率雄兵百人开门大战，杀贼万人。半泾大潮，尸塞不流。于是，不敢复窥太仓矣。

至正丁未，皇明隆兴，丞相魏国公徐达总大军困张士诚于苏州，势若泰山之压鸟卵。张氏守太仓将士，登海船悉遁。市隅耆民，赍官印从降于丞相麾下。丁未夏，嘉定伪官张让乌合人民以应张氏，藉刀牌千户刘百潮遣三百余人越张泾，一战大破，斩首千余级，溺死者不可胜数。

洪武元年，设太仓卫。二年，指挥朱文率众杀倭贼于沿海，军威大振。洪武十二年，复设镇海卫，中分太仓卫军士，以守吴东之连城。昔张氏畏海贼之强，仍移州于昆山，复塞致河塘之尾，障海潮之汹涌，开九曲河，仅通太仓东门。于是，半泾、陈泾、古塘等港，五十余年塞涨以为平陆。是以田畴无潮水之利，士民无贩海之资，此亦气候不齐之论，矧今永乐承平之岁，薄海内外，靡敢不服。九夷百番进贡方物，道途相属。方舟大船，次第来泊。太仓复旧之宏规者，夫旯矣！尚可企足而待也。姑书以记之。

（辑自《宣统太仓州志》卷末）

弘治太仓志稿

太仓志稿引　〔明〕陆　容

洪武间，兖州太守卢公武为《苏州志》。其时，太仓初设军卫，卫治之外，无可志也。宣德间，昆山教谕季仲和为《昆山志》，太仓事详附焉。正统以后，太仓始立学校，开科目，仕进者辈出，文物渐盛于昔矣。景泰间，慈利教谕蒋奎章备志之。成化辛卯，予以南京吏部主事丁外艰归太仓,读礼之余,漫取郡志中事有关太仓者,稍加润色,别为一编。前朝遗事,则采杨东溪《昆山州志》、陈怡云《太仓事迹》,摘其要者足之。近时新事,间亦附以己意续焉,名曰《太仓志》,盖将藏之巾笥,以为宦游思念乡土之慰。居无何,为好事者取去,遂致散去者余十年矣。岁乙巳,丁内艰家居,点检家藏遗书,始得其初稿于故纸中,然脱落几半,未暇求补,乃复葺其存者,成帙如左,以俟同志君子择焉。

弘治改元二月之朔,书于卫河舟中。

(辑自《宣统太仓州志》卷末)

嘉靖太仓州志

太仓州志序　祝允明

慎哉,刘侯之作其州之史也!其古之遗教乎?《书》与《春秋》之志也。都氏之笔,亦有以成其志焉。舜肇州封山浚川,禹敷土、作贡贞田赋,盘庚治亳,周人宅洛,政之大伦也。

右史纪其绩,仲尼述以昆训,又笔削鲁纪,城社、山川、宫庙、门观、台榭、厩圂、军戍、锐甲之间,粲然矣。而特加志于人材,务褒善、斥恶二典者,立功与言之法程也。今之从政君子自孔氏者,类知所范模,善矣。其或未尽者,讹其政,诩其言,言卑若货券,高若凤鸷,不知慎也。故君子难之。

刘侯之为政与言也,览斯策,志可睹矣。侯,越人也,讳世龙,字允卿,以进士来,三年政成而为史。都君名穆,字玄敬,仕太仆少卿,吴人也。始州未建,陆大参容作《太仓志》,陈丞伸作《事迹》,其他散在昆山、常熟、嘉定三邑书。李君端,初守州,即属桑倅悦为志。今书盖总诸策而登黜之，王生梁实赞焉。其旨主简核，故寡失而可观。书成，都且病革，不及自叙，故稍为详之。

虽然，《书》《春秋》，天子事也。刘侯事功，以位限不尽见，见者其志。嗣此，有为执之以往，《易》之翼《升》曰："南征吉"，志行也。其《渐》曰"进得位"，往有功也。然则九官十乱，兹其阶也与？

（辑自《宣统太仓州志》卷末）

太仓考

太仓考序　张　槚

州志，意亦古矣。《周礼》：小史掌侯国之志。于时，列国皆有史书。秦罢封建，置郡县，汉因之，此礼遂废。迨及近世，有负史才而不在国史院者，常窃自汇集一方之事，以谓之郡邑志，故今之郡邑志，其即古列国史之意乎？

我太仓州，幅员三百里，控弦亦以万计，视于古邾、莒、曹、滕之国，宜若过之。其自分野疆域之常，以至于民风物产之古今异宜者，犹不可无志也。建治初，先民通判柳州桑民怿氏，据古实，访逸闻，分门立类，总志十有一卷，其用心亦勤矣。而或者病其质不胜文，详略过当，此吾友龚行素之《太仓考》所由作也。

其书虽以桑《志》为主，而更定删削之功实多。尝闻之，《春秋》之义，信以传信，疑以传疑，明实录也。然史之缺文，在孔子时已亡矣。嗣是有作，奚啻什伯？卒之以实录名家者，自迁史外，无闻焉。何者？中庸之智，不有所私，则有所利；不有所利，则有所畏！

若陈寿于二丁乞米立传,魏收于宗祖姻戚,多被书录,而缘以美言。虽大方如昌黎韩子,尤以议者不息,故窜定无完篇。后世史书,所以多失实者,大率以此行素之为。

此考也,其自叙曰:"人祸所不遑恤,天刑庶其免夫?"其门人孙希范复志其于桑志中,削去其冗滥失实而不足记者若干事,又于其所收之中削去其冗滥失实者若干事。予浅昧芜陋,其然与否?不可得而知也。试即厥祖考行实,质诸乡人传闻之言,亦例所宜书者也,而不之书,恶乎私举一反二,予固知此书之足征矣!因为附其事于卓行传,而并书其概如此于简末云。

(辑自《宣统太仓州志》卷末)

明龚持宪太仓考自序

越建州之三年,州大夫李侯端请先民桑悦氏修州志。吁!州之志,难修也。是地古为斥埭之区,人文罕著,甫盛于元,乃两遭大盗,屠焚之瘝,并所著而亡之矣,志何从征也。

永乐中,陈伸氏颇集传闻及所睹记,名《太仓事迹》,而简短错杂,殊无足倚。后有陆大参志为优,亦尽郊关之内耳。

今兹编户三百里,桑能概举以成书,厥功懋矣。然读者往往不满,谓其负才疏阔,致或可议,而令予重修之。师友交赞,予未敢也。乃者,偶值考索弗得,有感焉,因为参访,图增茸之。而动此牵彼,笔意俱别,乃自成十三卷,谓之《太仓考》。

吁!昔人谓作史者,不有人祸,必有天刑。志亦史类也,而敢苟乎哉!且桑子博学先达也,非予晚进好拟其后,故欲立异也。念一郡典籍所关大矣,生长于斯,敢不宣一力于其间,偏执独断,才力不及,人祸所不遑恤,天刑庶其免夫?

(辑自《宣统太仓州志》卷末)

太仓州志稿

太仓州志稿自序

自分建郡县，大小相维。今与昔，荒杂而无纪，不得不立志以统之。然或率臆有作，词繁指晦，比于稗雅之为，亦不足以昭典章、垂后世。

皇清诞兴，车书一统，命各省纂志以进。州大夫张公长庚延某董《太仓州志》事。某固辞不可，起而叹曰：州志自桑公悦、张公寅、张公采纂有三，以三先生之材识，或考焉而未详，核焉而未当，况某乎？虽然，志其犹可为，而无以已也。太仓割地于昆、常、嘉三邑而成州，州之志，故三邑之志也。

当其始，州大夫李公端博采旧闻，而举其废坠，善已！顾庶事草创，未之详核，若遂昌郑元祐徙于杭、寓于吴，曾一居长洲之东，于州无与，他勿之论矣！顾瑛之玉山草堂，在昆山西绰墩之茜泾，或以太仓茜泾之误，指瑛为州人，其诸纰缪率类此。而人之耳食者，不惧乎？今以地为断，而后以一州之掌故，与夫先生大人所传述，件系而条次之，庶几传之后世，有所稽考，而某之硁硁乎此，无复有苟焉者，其亦犹行古之道也。志凡二十卷，可书者巨，已具载。某不敏，总厥成；参订者，吏部进士王子揆；捃其类而授之某者，诸生盛子敬、曹子炜、郁子禾、顾子湄也。

（辑自《宣统太仓州志》卷末）

太仓直隶州志备采

太仓直隶州志备采序

雍正二年，总督查公弼纳请升太仓州为直隶州，又分州地之半为镇洋县，与嘉定、宝山、崇明并属于州，而州志仅存前明张南郭旧本。乾隆初，知州王公延熙、王公镐皆欲修，不果。知镇洋县金侯鸿创辑县志，而州志阙如。

士爱闵百余年未成之志，苟不修辑，则他日何由征信？因窃取龚明之《中吴纪闻》，家怡云《太仓事迹》，陆式斋《太仓志》，龚行素《太仓考》，陆之裘《太仓文略》，桑思玄、张晓川、张南郭旧州志，黄忍庵先蘧庐、朱商石州志稿，顾士班《娄江志》，周芝山《凤林备采》，顾中庵《双凤里志》，赵侯昕《嘉定县志》，章君纶《宝山县志》，张侯文英、韩君彦曾《崇明县志》，苏州、昆山、常熟诸旧志，陆钺《穿山志》、曹一庵、吕雪洲、陆徕亭《沙头里志》、费省公、范开基《直塘里志》，汇考参合，更旁搜博采者十有余年，而志稿粗就，呈长洲竹素许夫子酌定。

辛巳秋，复就正敬亭沈先生。先生曰："州志一书，余向承赖父母命以属稿，仆衰老辞谢。子今有志创辑，良非易事。"遂示以先后、缓急之法，曰："志与史异，史者善恶并举，得失互书，所以彰衮钺，公诸天下后世也。若志，则一州一邑之乘也。上志星野，下记山川，中述人物，典籍主于循名而核实，政事主于更化而宜民，风俗主于革薄而从忠，人才主于隐恶而扬善，使后之贤者慨然有所兴起。"

士爱不揣鄙陋，多述旧闻，间为参考异同，并遵师命，成《直隶太仓州志备采》一帙，卷分十二类，编八十，谋付杀青，以为当代著作家椎输之始云。

乾隆三十一年丙戌蒲月。

（辑自《宣统太仓州志》卷末）

又　程穆衡

往余著《娄东耆旧传》若干卷，虽先哲遗言得诸指授，然亦本之志铭碑状之文为多，故是非颇不谬于清议，而详简亦未尝出以成心。尚有琐者、杂者、无所附者，录之为州乘备采。

癸亥，州守钱唐王公欲修州志，假去不反，零稿犹存，而录本已失，心甚惜之，乃属陈君九思复为捃摭。九思自其曾祖蓬庐已从事于州乘，所编遗稿最富。九思复博览好学，凡地志、文集，无不占摘搜校。以其成书见示，余每慨分纂之书，非出一手，故前后抵牾，往往一卷之中已见。即余曩修《镇洋志》，其成于他人者，动多违异。尝语邑侯校正画一，而不我从也。

今九思之书，先摘旧志及各书，违误之处，都为一帙于前曰阙疑。盖不敢当绳误纠谬之目，而谦以出此，已可令人耳目清正、心神审慎矣。其余所编，当于志之详者略之，缺者补之，庶可与邑志并行而不相涉。又逾年，九思以其删定者复来是正，余喜亡者可复得也，因出曩稿附之，仍颜之曰《备采》。

噫！世皆竞称文献矣。夫载籍文也，耆旧献也，文以载道，献以征文，献难久存。马贵与[1]因以前贤之论说当之，其亦有所不得已焉乎？

是书也，存格人元龟，大夫所以奉法而作则也；馨香芳泽，邦人所以被服而章训也。过此以往，即黄发无存，青编将坠，而登

1　又名马端临，《文献通考》的作者。

吾堂,而征往事,度不至如羲绳以前、娲簧以后,浩唱徒飞而奥词莫捄矣。异时,州大夫诚有意于州乘之役,吾知必有采于是。然而九思每言:是书初出,见者皆欲剿其籍而灭其名,将恐苦心终致泯没。余是以详叙之,俾采者莫得而窃云。

(辑自《宣统太仓州志》卷末)

凤林备采

凤林备采序 〔明〕徐 爌

凤林创自往昔,越千余祀。唐宋以降,文献靡考。凤飞芝秀,唇吻遗芳。岂嘉祥之外,殊才奇迹靳其间耶?抑以纪之者鲜其人也。芝山先生直道解组,倏然来归。以义命为尽性,以文史为乐天,殆三吴学得其宗,而吾乡之盟主也已。[1]己酉春,爌谒先生于七冈之守元亭。先生曰:子亦知吾乡之故乎?吾乡所急,莫要川源,寻故道足矣。若乃作以式穀,用观厥成,不有砥德砺行、忠孝节义如乡之先达为某某者耶?吾不忍世远而湮焉,因以备采闭关而雠之。书凡三卷,首风俗,终杂志,而方域、户赋、宫庙、川梁、天文、地理、人事之纪粲然陈焉。事核而正,词直以泽,虑远而周。观其甄叙往辙,则忧缘时政;评藻前哲,则开我后人。其他比兴成章,敷陈备体,虽心声之献酬,要亦风景之纷回也。他日称文献、会凑理,执而凭之,固郡志之所由大成也已。

嘉靖辛酉三月。

(辑自《嘉庆直隶太仓州志》卷六十四《旧序》)

---

1 "以义命……已"句,据《吴郡文编》卷八《志序八》补。

吴 江

洪武松陵志

松陵志序

松陵即吴江,系吴泰伯封内域。自泰伯来吴,吴人被其文化,渐沐休风,声教所暨,君子出焉。由是季札历聘诸华,先王礼乐,达于海隅。迨夫子胥治吴,建仓庾,峙兵库,创城郭,设守备,而苏州号称吴城,为东南甲郡。吴江乃苏州之属邑也,距苏州南四十五里,即古之笠泽,本隶吴县。至梁开平三年,钱镠奏划吴县地置吴江县。太湖环抱邑西南隅,《禹贡》之"震泽"也。《周·职方》:"扬州薮曰具区,其水多震而难定。"即今之湖翻是也。禹导水源至此,故曰"震泽底定",言底于定而不震动也。距邑西南九十里,有桥曰底定,《吴越春秋》谓范蠡于此乘舟出三江口,其地亦有桥曰思范,至今遗迹不泯。

自春秋以下,秦汉及唐,兵皆不至兹境。钱镠保障百余年,纳土于宋,故民不知兵而庶且富。建炎南渡,驻跸钱塘,兹邑乃为宋京畿供给之地,为上县。元朝丙子,丞相伯颜率师渡江,时有武将宁玉驻兵镇守,民皆赖之。元贞间,户口繁夥,遂升中州。至正丙申,张氏兵入据,始筑城障之。

本朝丙午冬十有一月,天戈东下,克湖州,自太湖直抵吴江,驻兵邑西石里。时统兵徐相国谕父老以恩信,兹邑遂归附焉。相国即单骑入,城安堵如故。洪武二年,仍改州为县。民阜物丰、山川胜概、疆域之广、古迹之多,顾志不可不辑,乃揽众说,采撷遗事,纂成是书,目之曰《松陵志》,使一邑之内、千载之间,其事可按书而索之矣。后之览者,取前人之成宪以为法,将见道德兴而习俗美。松陵之区,与邹鲁无异,则是书有关于世不亦大乎?

洪武六年七月既望,礼部主客郎中窦德远序。

(辑自《嘉靖吴江县志》卷首)

正统松陵志

增辑松陵志序

《松陵志》,余家藏之久矣。数年之间,余亦究心焉,欲求他本一校,竟不可得其原本。所类古迹、土产、人物、异闻具少。余取《图经》及郡志诸书,凡系松陵者则采撷增入,用广其书,以便观览。集既成,又苦无缮写者,余于窗间复摩挲三月,始获脱稿。

呜呼!松陵风景人物,自《吴越春秋》迄今,不知几百年矣。余今所录,使后人一览而得之,亦将有系于政哉!第未审此书传去吾子孙彰湮谓何如耶?故临风三叹而叙其卷末,以识岁月云。

时正统七年龙集壬戌律值夷则既望,云冈吴本谨书。

(辑自《嘉靖吴江县志》卷首)

天顺松陵志

松陵志序

古者有版有图，版则户口之数，图则四方厄塞要害之所关也。藏诸盟府，非职方者无由得见。他如《方舆志》《山海经》《寰宇记》等作，又皆略而未详、简而未备，故天下郡邑皆得修志书以详其所有之事焉。

吴江，古松陵镇也。为州为邑余数百年，而志犹阙，非所以裨益世教而昭示将来也。旧有《图经》一编，莫详创始，而纪载弗经。我朝洪武、永乐中，虽有修者，惜乎旧无刻本，而传写舛讹，人亦罕能遍观尽识。岁甲戌秋，尝奉文修纂，意其迫于期限之严，未能详备，览者病之。且生斯长斯，忝育庠序，因不自揣，于暇日编而辑之，重立例目，参以郡志，询诸故老，述诸见闻，损益补订。越一载，始克成编，为卷二十，为类二十有七，类各有序，名曰《松陵志》。于是，质诸掌教陈廷用先生，先生为之许可，以为有功世教，宜梓行之。而贰尹季公仕进辈，捐俸乐助，谓旦宜有序。

呜呼！旦寡闻陋识，荒辞浅学，岂敢以是而邀誉哉！重以松陵父母之邦，而志书政化之首，故拳拳为之计者如此。然未免管窥蠡测，挂一漏万，适足贻讥于多闻，而取议于广见也。然而较诸前志，似觉粗备，虽未足拟于古之版图诸作，其于检阅之资，庶或有助于一二。续而笔之，尚有望于后之君子。

天顺元年丁丑春三月既望，邑人莫旦景周书。

（辑自《嘉靖吴江县志》卷首）

正德吴江续志

吴江续志序

余友莫先生景周，昔在庠序时，尝纂《吴江志》二十二卷，垂三十年，县尹华州孙君显始刻以传。今又二十年，先生以南京国子学正致仕家居，再阅前志，谓"旧事有失收者，新事有未备者，宜加续入"。方欲举笔，适太守四会林公思绍聘纂《孝宗敬皇帝实录》。《实录》既成，乃取事迹有关于吴江者，为《续志》三卷，新旧毕录，可谓备矣。

余嗣子山以乡举待年于家，谓不可以不刻也，乃请于学谕柘城梁君榘，略加校正，而邑之好义者咸乐然赀助，遂命工锓梓，与前志并行焉。山以书来京师，请文为序。盖吴江为姑苏大县，数千百年之事，得以远播而广传者，皆吾学正先生之功也。然此特其著述之一耳，此外又有《大明一统赋》《学业须知》等作，盖已名重士林久矣。今也年跻八旬，老而弥健，《书》曰"天寿平格"，岂虚言哉！余与先生交游几四十年，相知最深，故僭言如此，以为序云。

正德二年丁卯春王正月人日，赐进士出身、嘉议大夫、工部右

侍郎邑人吴洪 [1] 书。

嘉庆江震续志

自序　任兆麟

　　善化唐侯宰吴江之明年,政教修举,遐迩辑洽,佥谓百十年来所仅观者也。嘉庆丙辰九月,乃聘金助教学诗、杨进士复吉、沈太学汝霖暨余四人纂修邑志,继延邑文学数人佐之采访云。

---

　　1 《松陵文献》卷四《人物志四》:"吴洪,字禹畴。父璋,见《孝义传》中。洪年十二为县诸生,动必循礼。训导江晟待诸生过严,诸生将诉之督学御史。洪曰:'弟子叛师,犹子叛父也,不可!'卒不署名,事遂已。举成化十二年进士,授南京刑部主事,累进郎中,擢贵州按察副使,以丧归。寻起广东巡视海道。弘治十二年,进福建按察使。又二年,入为太仆卿。又四年,擢工部右侍郎,督易州厂。正德元年,转左侍郎,理部事。四年,拜南京刑部尚书。又二年,致仕。洪有廉节,起家刑曹,精于法比,多所平反。在广东以海道兼摄盐政,皆号利薮,洪独无所染。御下不少假贷,宿弊顿革。御史王哲欲葺诸公署,而难其费。洪建议以为盐法引纳官钱若干,获利数倍,顾为权豪所专,请均之于商,使输值佐役。便从之。镇守中官初役四水,驿舟各一,久乃令输金,后又征抗其舟。御史汪宗器锐意革之,洪请厘正,自今日始勿追所得金。于是中官帖服。猺人数为暴,官军往往滥杀要赏。遣廷臣往按之,悉以委洪,廉得其状,捕诛首恶而慰抚其余,边患遂息。在福建城北常有虎患,洪为文祷告,虎竟去。建宁、延平大水,民贫且互劫,辄便宜赈贷。汀漳军饷缺,盗贼蜂起,取征商之羡赈之。土猺戍者有所索,守臣集三司议,洪曰:'不与则致叛,与之则为例,不若以赏为名而姑与之。'众皆称善。在工部,当刘瑾用事,怨刘大夏,诬以罪,欲杀之。下大臣议,惟洪与都御史屠应埈力辨之,乃得解。徙南京刑部,有宁河王邓愈之后与其弟争赐田者,恃瑾为援。洪执法不阿,瑾大怒,勒令致仕。洪曰:'吾志也!'遂归,凡十三年卒,年七十八,赠太子少保。何乔远《闽书》曰:'洪为人和而不佞,庄而不倨,在官听讼以情,数辨疑狱。'布政司吏有微罪,镇守中官衔其使欲重罪吏以为使累。洪厉声曰:'杀人媚人,吾不为也。'子四人,其三并登进士:长山,次岩,幼昆。昆字美之,仕终严州知府。"

邑志之不修于今五十年矣,宜续辑之是亟也。顾近世郡县志,类皆尚新弃旧,俾前人用心没不可稽,非谊也。乾隆邑志出沈丈果堂手,礼例尤雅善。是举也,宜于五十年以前补其所遗,五十年以来益其未及,则事易集而费较省。今兹所编,宜目曰《江震续志》,将继此两三志、四志以迄无已也。然与前志类同者有六事焉:一引据必考核也。凡采摭人物事迹,必注明出处,俾后人可复证也;一阙略宜补缉也。吴江未置县以前,凡称吴人者多莫详其居址。幸有可考者,如钱林、顾荣、朱子奢诸人,亟当载入。一篇目不妨增易也。如古迹外别为金石一目,列女以贞节、贤媛分之,御寇依乾隆府志作纪兵,科第表后载会副、例仕、武职、荐辟、乡饮之属。一诗文宜附见也。所采之作,必择其有事实可征,散附各目,盖仿范氏《吴郡志》例也。一列传不可挂漏也。前传未尽详悉,据本人志传,特为更正,庶无不备之讥。一科第宜重编也。未分震泽以前,从乾隆长、元分志例,仍统之吴江。既隶分县后者,注明震泽可。唐侯曰善,阅五月,余以所撰具人物传若干篇界之,而并志其缘起于简末。

嘉庆二年正月。

(辑自《吴郡文编》卷七《志序七》)

宣德平望志

序

天下名都大邑,必有志书,以载其事故、山川、人物之胜概,古迹之奇观者,得有考据而无异也。姑苏为东南甲郡,松陵又姑苏壮县,土宜物产、古今名贤,已载于郡邑之志矣。自松陵而上,循长桥以南,迤逦一舍余,有平望驿。其地南通闽越,北达荆扬,客使之经由,航樯之往返,日不暇千万焉。唐宋来,生聚渐蕃,市廛联络,景之胜者,已入于词人之翰墨,虽云亭传,拟于城邑。我朝海内隆平,东南富庶。兹地为东南吴之要冲,左具区,右吴淞,林屋之山在其背,苕霅之水流于前。仙迹神祠,市桥官宇,渔人屋,酒家村。看跃马于顿塘,望归舟于极浦。夜泛莺湖之月,晓听山寺之钟。若夫天造地设,临之者俨然画图中行。视曩时之胜,愈可观也。于是文人才子又从而标新摘奇,名曰"平湖八景",往往游览其间,以歌咏文明之治。里中士雪轩陈克礼氏裒集成编,附于志后,将锓诸梓以永其传。请予序之。予以鄙陋为辞,勿获,且嘉克礼之志有在也。遂僭书大略,以示同志云尔。

宣德二年孟春中浣望日丙子,乡贡进士云间李学撰。

(辑自《雍正平望镇志》)

按志载,平湖之境据三郡之要津,石塘、土堤绵亘二百余里,南抵嘉禾,北至松陵,西则吴兴,固为要道焉。其景也,雪练平波,水光浴日,势欲吞乎沧溟。吴淞之横于东也,烟波浩渺,气凌苍穹,量欲包乎天地。具区之浸于西也,又如石梁架空,翠洞环月,碧流中走乎玉龙,云帆下通于彩鹢,有垂虹之起于苍波焉。金塔干霄,朱甍隐雾,鸿钟之递乎晨风,宝铎之鸣于暮雨,有金刹之建于斯土焉。灵迹则有张玄真之来水戏而上,许叔微之泊津亭而感。岳祠建创之明,莺脰辨名之异。柳影荷香之见乎游赏,秋蟾冬雪之入乎品题。名贤之记述,人物之出处,又不可殚举焉。此平湖志之所以作也。观夫《莺湖》二赋,韵语奇逸,其兴飘飘然。至若咏玄真子,赓和长诗,中多隽语可敬。仆衰老退闲,于诸名作健羡不已,而不能续貂也,姑书其后云。

宣德二年九月望后三日,退庵夏尚忠书于雪轩中。

(辑自《雍正平望镇志》)

由姑苏而南四十里,曰松陵。循长桥以南,聚而为落,曰平望。地濒于水,右带具区,南经苕霅,东接吴淞,北达荆扬、淮泗、齐鲁之域。衍而为通津,坦而为要途。甍栋鳞次,商舶之走集无虚日。廛市憧憧,罗络旁午,实东吴之胜地。始,予曾大父中书舍人尝为郡志,而松陵之胜已登载于其间。今年春,予忝科名,以恩赐归。访旧兹邑,而佳士陈克礼氏欢然延致,谓予曰:昔公曾大父殁若干年,而郡志之传信于今者,有足征矣。松陵之地,土宜物产。唐宋以来,民物富庶,逮我国朝,尤为蕃阜。求其名观伟迹,见咏于文人才子,岂特如是而已?若玄真之祠、于顿之塘、莺湖之月、殊胜之钟,其他若驿楼览胜、远浦归帆,与夫渔家野市,依隐约见,恍若画图。士大夫喜幽寻而乐胜游者,往往吟眺其间。而"平湖八景"之胜,已入题咏久矣。予每裒集成编,总若干卷,将锓诸梓,用附其志之末,愿丐一言弁其端。予惟天下名胜不能自传,必因人而后传,必托诸文以永其传。故兰亭不遭右军,则激湍清流芜没于荒榛矣。今松陵胜概已载于志文,而八景篇什复修于文士,俾后之来者谈松陵之胜,必曰平湖;举平湖之胜,必拟八景。即事以验其人,亦犹昔之有征于今。我见兹胜之传而名永存,必由克礼始也。

时宣德五年正月,赐进士出身吴郡卢瑛书。

(辑自《雍正平望镇志》)

去松陵一舍远,其地曰平望。林树稠密,居民栉比,修衢石梁,琳宫梵宇,金碧辉映。具区、吴淞之流襟带左右,俨然城郭气象也。我友陈克礼居在焉。克礼清修硕德,有学有文,下帷教授,而从者

翕然咕哔。暇则幅巾藜杖轻衣,散步于闲旷之地,以适清兴。即其
所居之处,揽秀探奇,遂获八景,昕夕之间常得游目骋怀。缙绅先
生能言之者,每造其庐,发为声诗,吟咏胜概,积而成帙。未有序其
简端,特征余言以弁其首。余惟古之硕人畸士,恒放浪乎山水间,
驰骋所抱负,舒豁所抑郁。或吟啸于清风明月之下,以陶写性情,
光华膻香薰灼远迩,虽遐陬僻壤,人咸仰其高风,必著显所居之地,
故其地因人而得名焉。如子厚之愚溪,知章之鉴湖,庚桑楚之畏垒
是也。矧平湖当苏、湖、秀之腹心,土地膏腴,风景明媚。且克礼襟
怀冲淡,德业昭著,其八景芳名,必因克礼传于悠久,岂下于先哲而
已哉?惜余椎鲁,汲汲涉历于艰险之途,每见幽岩岑寂之境,欲一
步憩不能遂愿。今虽归老丘园,骎骎衰迈,见克礼之高情雅趣,不
觉有动于中,故不辞其请。而才识肤陋,僭厕群玉之冠,如鼓缶于
黄钟之侧,岂不贻大雅之诮哉?

宣德七年壬子三月望日,桂林屠胤书。

(辑自《雍正平望镇志》)

正统平望镇志

序

天下之广,大而山川、郡邑、古迹、陵坛,小而乡庐、闾巷、桥梁、
市廛,莫知几千万焉。不有前人志之,后世安知何由始?故咏沣水
者必思禹迹,观河洛者必思禹功。苟不考其志,而念其人,我恐虚
劳创始,徒费造端,非传信之道也。雪轩陈公克礼世居平望,欲知
其地因何事而得名,自何时而肇始,由何人而辑志,可谓甚盛心矣。
惜载籍无闻,不无憾焉。乃述父老相传,以为此地略无山林间隔,

四望皆平,故名平望,若可近乎理矣。然虑其相传之舛谬,又引颜鲁公《登桥题驿》诗以实之,则平望之名可据,足以遗后世而不泯矣。又恐世远年湮,不无变迁,复记桥梁、寺院之创始,大川、人物之显奇,隐仙、异迹之胜概,衙门、仓库之存革,宣咏歌以赓次,取八景以联诗。将以永其传而不朽,虽变迁而可征也。呜呼!其草创之心,可谓劳矣;其垂远之虑,可谓深矣;其遗后之名,公实始矣;传之后世,足有据矣;缙绅诗章,发明备矣。后之人览斯志,而知其由来者,亦将有感于斯人。爰书之志右,以期同天地而永终也。天地不终,则斯志亦不终。斯志不终,则克礼芳名亦随而不终。讵不信夫?

正统戊辰秋八月望日,前兵科给事中云间陶育序。

（辑自《雍正平望镇志》）

崇祯平望镇志

序

今上之初建元也,中丞曹公甫下车,便以纂修郡乘为诸生言。尔时,邑侯熊公实董其事。余惟平望为吴江巨镇,民风土物纪载已久,旧有里人陈雪轩克礼、曹枫江孚相继辑志,惜乎梓本不传。先王父隐泉公锦尝手录数则,以当掌故。余从游有年,习之深,乃祖述遗志,稍以己意附益之,共六卷,献之邑侯。未几,曹以召对领司马,而熊又给事黄门,余前所编遂散轶弗存。友人潘岂凡数为余言,平望一志非郑重厥劳,详核厥始,无以快舆喙而不朽。余愧未能文,且悔成书之蚤。复设局于鸳湖悟珠庵,综核故实,则岂凡任之,采访则史义维册、赵素民秉彝,订补则沈徵仲潜,校订则李云,取裁则王氏鏊《姑苏志》,莫氏旦、徐氏师曾《吴江志》,以至图经、史集、野老纪闻,城池、署宇之沿革,桥塘、人物之兴亡,鲜弗孜考搜剔,檃括殆遍,总若干卷。视向之疑而未晰、阙而有待者更加精详。初,余未属稿。时里中某某相与诽而笑之,谓古人五十始著书,何自苦乃尔?且士得时则驾,否则蓬累而行垂世之业,当俟诸稗官者流,若何为者?时余亦自诧为迂,阁笔者再,而诸友毅然请成胜事。嗟乎!古云"履句者识地,不出户知天下",况有践其土,而弗能举其籍综览之谓何?而况桑梓情深,弓冶传永者乎?夫豪杰之士,以经纶拓皇图,以著述光千古。出其山川风物奇古灏淼之胜,使世之采风谣者得以按籍而知繁简所在,厝注所宜,则《平望志》虽小乘,未必非皇图之少补也。余本布衣,躬耕湖畔,每于当世之故,若名贤,若古迹,若断碑荒宇,以迄足之所历、目之所睹,常不敢以度外置之,徘徊瞻顾间颇有苦心焉。故于是编因革取舍、离合异同处,调停之功倍多。中丞讳文衡,号薇垣,梁唐县人,丙辰进士。邑侯讳开元,字元升,号鱼山,楚嘉鱼人,乙丑进士。潘君讳凯,字仲和,一字岂凡。其先以名进士起家,博学,善属文,通经术,为一方冠冕,自号为农山居士云。

崇祯四年辛未阳月既望,鸳湖小史杨桢字贞木题于东塘之仙蠹阁中。

(辑自《雍正平望镇志》)

士未遇而思有以易天下,其道何从?言行,我身闲也。雍穆,我家政也。"维桑与梓,必恭敬止",道行自近。首善于乡,然而乡之人莫信焉,则当取乡所已信者传之。述往事,称先民,溯流离以示防,谭农桑以饬惰,谁谓蕞尔地可任湮没者?称文约而行义大,纪载近而为虑长,君子不病其偏也。吾郡之为邑者七,吾邑之为镇者四,平望居其中。邑固水国,镇尤滨莺湖,车、黄、烂、穆、急五溪之水潴于是。湖之北,具区在焉,折而东为娄、为泖,天目亘其乾,海盐位乎兑,钱塘列乎坤,不竟日可四达。故往者徐海之乱,于此入,亦于此歼。苟缉比未可忘,此洋洋者,敢忽诸?我闻在昔有建议立县者,即不果,而为寨、为场、为所、为务、为城,前此罔不列,则亦不县而称强藩矣。其在于今,铺司、驿传具,顾未闻有建学教弟子者,何古人之财赋详而经术略也?镇多贾少儒,财伸而文诎。以进士起家者,观察少翁潘先生为之,昉后乃骎骎焉。观察内行醇挚,廉而不刿,乡之人化之。一人而教乎人人,一世而概乎世世。镇往迹,其堂构;镇英贤,其师友也。镇之兴革而建置,前者其缵绪后者。其诒谋也,实维烈祖,爰启文孙。我友岂凡氏,取镇事详志之。譬以家人谈家事,详核周确,而无取于夸视。夫据牒钞传,蒞实莫辨者有间矣。岂凡端身范慎,取舍有人伦称,言出而人重之,且历稽广询,识济乎才。岂凡更有以自重,使都市所聚,地各有贤,贤各有志。风土眉列,利弊胪陈,即剧邑可卧治也。邑广之郡,郡广之天下,圣天子亦宁烦宵旰哉?由是观之,遇、不遇皆有乡之责焉。若夫身历而心筹,目览而手述,则遇者反有所未遑言。斯信斯征,职方让详,太史让博,在吾党今日矣。余志震泽,稿具而未敢出。先以岂凡之《平望志》行之,知我辈为此非务博,非好事,非求名。居先人之乡,而不欲其无传,诚不得以未遇委也。事谢于退,成于任,吾将以告天下之善任者。

社弟吴允夏。

（辑自《道光平望志》）

苏州佚志考证

《苏州府志》考二则

王志坚的《〔崇祯〕苏州府志稿》

王志坚，字弱生，更字淑士，亦字闻修，号珠坞山农。王临亨的长子。志坚小时候与李流芳同学，所作诗文，都效法唐宋名家。万历三十八年（1610）进士，授南京兵部主事，迁员外郎、郎中。政余空闲时，邀请同舍郎成立读史社，写成《读史商语》。迁任贵州提学佥事，但未赴任，请求回家侍奉双亲。天启二年，重新起用，负责督察浙江驿传，又因奔母丧回家。崇祯四年（1631），又以佥事督湖广学政，礼部推为学政第一。六年，卒于官。

王志坚编过一部《苏州府志稿》，《同治苏州府志》卷150《旧序》收有王志坚《重修府志序》详述其修志经过。他说："吾郡之有志，盖始于宋范文穆。越百余年，本朝卢中舍有作。又百余年，王文恪复有作。其书详略不同，各有体裁，卓然名世。正德以来，未有继者，百三十年间典章制度、士习民风尚皆缺焉。"说明该志的编纂是建立在范成大《吴郡志》、卢熊《苏州府志》、王鏊《姑苏志》基础上的，应该是"后出转精"的志书。

根据《序》文，"天启中，中丞海澄周公、直指蕲州王公慨然有兴复之思，命郡守同官寇公、郡授江夏□公咨访文士，竟以时方多事中寝。"天启中，几位官员就曾动议过编纂府志，但由于种种原因没有编成。

又云：“今上龙飞之明年，中丞唐□曹公、督学上虞李公、直指汉川王公、兵宪乌程吴公、郡守魏□王公念兹坠典，刻期举行。会郡守河内史公至，加意修辑，诸事得有次第，于是不佞志坚获执铅椠，从太仆吴公、宫谕文公之后，始合三旧志，综其义例而损益之，附以近事。”在崇祯二年，正式开始编纂，综合了前面提到的三志，再续补上《正德姑苏志》下限以后的事情，即成此稿。

编志过程中，凡是遇到大政方针需要拿主意的，都由吴默、文震孟二公裁定，搜辑资料则由苏州知府寇慎聘请的王焕如、史兆斗、周永年、龚方中、黄翼圣等人分别担任，形成最初的资料稿。最后由王志坚“辑绩成篇”，就是说王志坚承担了总纂的角色。

整个编纂过程“始于己巳六月，迄于辛未四月”，即崇祯二年（1629）至四年（1631）。全书共20余册，包括沿革、治乱、山川、城池、学校、驿递、乡都、封建、古迹、第宅、园亭、僧坊、道院、灾祥、风俗、物产、人物等。其中，户口、赋役、水利、兵戎是王焕如、周永年与志坚之弟志长、志庆共同完成的，而职官、科贡、卫所、关隘、桥梁、坊巷、公署、坛壝、祠庙、仓场、坊表及郡境分总图说是“留心郡事已二十年”的王焕如独立完成的。可惜因行政长官的变化，未能刊刻问世。

《乾隆苏州府志·修志凡例》载“从书贾购得明崇祯初昆山王提学志坚所纂《宦绩人物稿》十四册”，并称“其书分列名目，略如牛若麟《吴县志》，其采取之严、辩论之核，多可考信”。因此“据其本增改十之二三，而存其暗与之合者”。也就是说，在乾隆年间，该书稿就已经开始散失，流入书商手里，并因为要编纂《乾隆苏州府志》而购得其中的十四册。《光绪昆新两县续修合志》卷49《著述目录上》也著录“王志坚《苏州府志稿》十四册”。说明此稿的全部失传是在光绪年间或以后。

《雍正苏州府志》考

《中国地方志联合目录》著录"《雍正苏州府志》,清沈德潜、许治纂修,清抄本,苏州文管(存6卷,又一册不分卷)。注:是书系据雍正四年江之炜、张若ぃ《苏州府志》本重修"。

来新夏先生在《论清代修志事业之成就》(《江苏地方志》1992年2期)一文中称"《苏州府志》有七修(康熙、雍正、乾隆、嘉庆、道光、同治、光绪各一次)"。上述所谓的七修府志中,康熙志成于康熙二十三年,刊刻于康熙三十年;乾隆志始修于乾隆八年,刻于乾隆十三年,都不会产生误解。容易产生误解的是把始修于同治八年(1869)、刊刻于光绪八年(1882)的既称"同治志"、亦称"光绪志"的同一种志书当成两种。来新夏先生所说的"嘉庆志"应该就是钱思元撰《吴门补乘》,该志主要是补"乾隆志"的,如果要重新整理出版,不妨将它与"乾隆志"合在一起。除此以外,估计来先生是受《中国地方志联合目录》的影响,把时间上介于"康熙志"和"乾隆志"两志之间的"雍正志"统计在内了。那么,苏州到底是否编过《雍正苏州府志》呢?答案是否定的。

根据《中国地方志联合目录》著录,苏州在雍正年间似乎修过两次府志:雍正四年,江之炜、张若ぃ修过一次;之后,沈德潜、许治又根据雍正四年本子重修。江之炜、张若ぃ所修志稿不知是否存世,而沈德潜、许治纂修的本子即藏今苏州博物馆图书馆。

江之炜,号葵峰,福建泉州府晋江县人,康熙丙子科举人,先任广东南海县,内升部曹,未任职,补选长洲县,江抚张具题改调元和,于雍正四年二月初六日到任。雍正十一年,由嘉定令升任太仓州知州。之炜莅任后以去恶为首务,如讼师、奸吏、打降三者,得其实,务严治之,曰:"锄稂莠正以培嘉禾也。"邑中绅士之植品而多闻者,悉心延访,曰:"教我未足,是吾师也。"学宫岁久,渐就倾圮,率先劝导,捐资修复,告成之,曰:释奠鼓征,远近观礼,称彬彬焉。后以讹误去任,民常思之。

张若燨,安徽桐城人,由例监于雍正十二年七月初八日任元和县知县。若燨莅官慈祥廉明,以实心为本,每决狱,事无巨细,必反复推勘。谓堂下人畏威,倘有枉屈,后虽悔无及也。久之,人服其真诚,不敢有欺之者。而他邑疑狱,大吏多委决谳,悉昭平允焉。境内有版荒八十余顷,不能种植,民久赔累。若燨申文大吏,照恩诏裁减昆、新两县浮粮之例,请题减额,民咸感戴。他如重赏获巨盗,分俸给贫生,锄奸,通商旅,有古循吏风。宰邑七载,因劳致疾。乾隆五年春正月以病暂乞假,民攀辕不得,陈情督抚题达,愿病痊补官日,仍任元和,此民之公心也。三月十一日离任。

观此两人生平,先后任元和知县。依常理言之,以知县之职,不当越级纂修府志,且亦确实未闻江之炜、张若燨二人曾有《苏州府志》纂修本,故疑苏州文管会所藏(今均在苏州博物馆图书馆)"据江之炜、张若燨《苏州府志》本重修"的《雍正苏州府志》乃是二人所纂修的《元和县志》抄本。

江之炜于雍正四年三月任元和知县,五年设局编修《元和县志》,乾隆五年由继任张若燨增补付刻,从时间和纂修人两个方面来看,即使要依据江之炜、张若燨两人所修的志书,也只能是《元和县志》。

《中国地方志联合目录》著录的作者为沈德潜、许治。许治是湖北德安府云梦县人,乾隆三年举人,次年进士,乾隆二十四年知元和县。沈德潜虽是苏州人,也是乾隆四年进士。

雍正年间,凭这两位尚未中进士之人,而且其中一位是外地人,编修一部 36 卷的《苏州府志》是无法想象的,除非借助已有的成果。

符合既借助江之炜、张若儵所编志书,又是沈德潜、许治主修或参与编修的志书确有一部,那就是《乾隆元和县志》,而且卷数也是 36 卷。因此,《中国地方志联合目录》是误将《乾隆元和县志》抄本当作《雍正苏州府志》了。此书准确的著录是"许治修,沈德潜纂"。江之炜、张若儵两人所修的《元和县志》乃 32 卷本,雍正五年始修,乾隆五年付刻,正是 36 卷本所据以增补者。

一部被遗忘的《常熟州志》

在《海虞别乘》"县令"栏目中有这样一则记载：

> 卢克治，字仲敬，濮阳人。大德间，为常熟牧。沈敏宏远，复多仁恕，狱无冤滥，好施劝分。教育言氏子孙，核实学田，筑社稷坛，恢拓公宇，增修邑志。民为立生祠。今列祀学宫名宦祠。

据此可知，在元代大德年间，有一位来自濮阳的"常熟牧"（即地方长官）在任上颇有作为，为官仁恕，狱无冤滥，乐善好施，教育言氏子孙，核实学田，修筑社稷坛，拓建县衙等公共建筑，"增修邑志"，深得民心，老百姓甚至为他"立生祠"。当然，他死后也被列入了常熟学宫的名宦祠。

海虞是常熟的古名。《道光琴川三志补记》卷一《沿革》记载：

> 陈芳绩曰：《琴川志》：齐以南沙为常熟，梁因之。注云：前志及《绍兴题名记》皆谓梁改南沙为常熟。然按《吴地记》载：仲雍墓在吴郡常熟县海虞山。《记》乃齐永明间陆澄所作，则在齐已有常熟之名，曰梁改，恐误。芳绩按：常熟即古之海虞也，在齐时山属海虞，陆《记》不曰海虞海虞山，而曰常熟县海虞山，是齐时曾改常熟，未几即复海虞之名。陆《记》适当其时，故云。若南沙改常熟，实梁大同六年，非误也。

这段文字考证了常熟及海虞的由来,海虞得名源自境内的海虞山,即后世省称为虞山。因此,常熟古代的志书,不但有以琴川为名的,也有以海虞为名的。

《海虞别乘》就是明代常熟的一部地方志。《海虞别乘》十卷,明陈三恪等撰。陈三恪,字象贤,号玉渊。早夜力学,旁通堪舆、卜筮、壬遁、风角家言。尝游京师,与宿耆冯觉善。此志《杂志》记事下限为崇祯八年(1635),三恪纂是编未能定稿,后由其子陈德涵续成,志中有德涵的"谨志""按"等可资证明。全书引用载籍80余种,中有清代禁书《鸿猷录》等。这些载籍今已大都不存。编者凡认为引文有不实或疑问之处,随即辩驳,用"按"加以考证;补充条目,皆用"自纪"的形式以示区别。《风俗》载巨室严、徐二氏豪夺民居,使"寒士细民无立锥"之事,诚为难能可贵。

可见,《海虞别乘》是一部非常严谨的著作。卢克治的传记中提到了他曾经"增修邑志"这件事情,陈三恪也好,其儿子陈德涵也罢,均没有按语提出质疑。说明是认可的。

另据清陈揆编《琴川志注草》"叙官"称:"卢克治,大德七年至至大元年,见《生祠记》。"也就是说卢克治为常熟令的时间是"大德七年至至大元年",即1303年到任,至1308年离任。

《琴川志注草》提及的《生祠记》全名是《常熟知州卢侯生祠记》,被收录在《海虞文征》中,作者周驰,写于"至大二年正月七日",也即《生祠记》中所云"侯既去官之逾岁"。由此推出其离任时间是"至大元年"。至于到任时间,也是依据《生祠记》所云"大德癸卯,濮阳卢侯来守是州","大德癸卯"即"大德七年"。

可奇怪的是,这么一位受人尊敬的"州官",在他离任一年后,还有人念着他的好,为之立生祠,写《生祠记》怀念他。唯独在之后常熟编修的志书序跋中都没有提及卢克治增修之志。

常熟历史上，离卢克治"增修邑志"时间最近的一次修志，是卢镇于至正年间编修的《重修琴川志》。

卢镇，海阳人，字子安，元至正二十二年（1362）以领兵副元帅兼知常熟。卢镇虽起于武弁，但崇重儒术，故"爰属耆老顾德昭等遍求旧本，公暇集诸士，参考异同，重锓诸梓。其成书后，凡所未载，各附卷末"。该志前有金华戴良《琴川志序》，称："知常熟州事淮南卢君，尝以古者郡国有图，风土有记，所以备一方之纪载，今之志书，即古之图记也，其可废乎哉！然常熟旧志，自宋兵南渡，版籍不存。至庆元丙辰，县令孙应时始编次为书。其后，县升为州，历年浸远，而是书之存焉者寡。且丙辰以后，续其所未备者，后未有其人。"

显然，卢镇意识到了修志的重要性，想要重修志书，请顾德昭等人"遍求旧本"，结果只找到了县令孙应时在庆元丙辰编次而成的书，而且存世很少了。并明确说"丙辰以后，续其所未备者，后未有其人"，即在"庆元丙辰"（1196）之后，没有见到有人续修或重修。

落款为"至正癸卯秋七月初吉，守御常熟领兵副元帅兼平江路常熟州知州卢镇谨识"的卢镇"谨识"称：

《琴川志》自宋南渡，版籍不存。其后庆元丙辰，县令孙应时尝粗修集。迨嘉定庚午，县令叶凯始广其传。至淳祐辛丑，县令鲍廉又加饰之，然后是书乃为详悉。自是迄今且百余年，顾编续者未有其人，而旧梓则已残毁无遗矣。

说明《琴川志》历经庆元年间县令孙应时、嘉定年间县令叶凯、淳祐年间县令鲍廉三位地方官的不断增补润饰，已经相当详悉

了。可是从鲍廉为县令的"淳祐辛丑"（1241 年）至卢镇为知州的
"至正癸卯"（1363 年）前后 120 多年的时间中，卢镇说"编续者未
有其人"，即表明他不知道有人编过县志或州志。

常熟由县改为州，是在元代。《崇祯常熟县志》卷一《疆域》
记载：

> 隋平陈，废信义郡，并前所领六县地悉归常熟，治南沙城。又
> 废晋陵郡，于常熟置常州。后分常熟入苏州，移常州治于晋陵县。
> 唐武德七年，移治海虞城，即今治所也。五代时，属钱氏。宋称望县。
> 元元贞元年，望县概升中州，遂为常熟州。洪武二年，复为县，其隶
> 苏州如故。

这段文字讲述了隋朝至明初的常熟建置及疆域变化情况。
隋朝的时候，曾经将信义郡所辖六县划归常熟，后来晋陵郡废了
以后也并入常熟。当时的常熟恐怕是有史以来管辖范围最大的，
以至于可以在常熟县设置一个常州，即先有常熟后有常州。到
了元代元贞元年（1295），望县一律升为中州，常熟顺理成章地改
县为州。后直到洪武二年（1369）才恢复称县。常熟称州的时间
是 75 年。

按说，在长达 75 年的时间里，应该有志书编写的。这个时期
编写的志书可以称为州志。卢克治的任期正在这段时间内，所编
的志书当然应该称为州志。

如果没有《大明一统志》的引用和张国淦《中国古方志考》的
简单著录（元常熟州志，元佚。《大明一统志》卷八《苏州府·风
俗·俗好用剑》引元《常熟州志》一条），那么这部志书恐怕就会被
后人遗忘。

也许卢克治在离任时,将他增修的志书带走了,所以常熟人见不到,也不知道有此书。

《江苏旧方志提要》有记载:

〔元〕常熟州志:《大明一统志》卷8《苏州府·风俗·俗好用剑》:"元《常熟州志》:'俗好用剑轻死,盖湛庐、属镂、干将、要离之遗风。'"按,常熟在宋为县,元升为州,明复降为县,此又明言为"元",知修于元代。纂修人及编纂始末等均不详。

通过上面的文字梳理,在此,我们可以很负责地说,《大明一统志》所引用的元《常熟州志》的编修人是大德年间常熟知州卢克治。既然《海虞别乘·卢克治传》中称为"增修邑志",那他必然有其基础底本,这个底本想来应该是卢镇《重修琴川志》之前存世的《淳祐琴川志》。至于书名,当然是元《大德常熟州志》。

《大明一统志》是一部明代官修的全国性的地理总志,最早成书于洪武三年,失传后,于景泰年间重修。因此,不论是《中国古方志考》还是《江苏旧方志提要》,著录的《大明一统志》应该是传世本,即景泰年间修纂的。如此说来,明景泰年间编纂《大明一统志》的人还看到过元《常熟州志》。

吴江最早的县志

——《松陵志》

　　松陵，吴江县的古称。莫旦《吴江志》云：吴江自古名称不一。其曰青草滩者，《祥符图经》云：吴赤乌初，命上大夫倪让等分拨地界，建渭作田，自青草滩筑塞至野和溪是也。曰松陵者，汉置松陵镇。《吴越春秋》云：越追吴兵入江阳松陵。《旧经》云：松柏险隘，故曰松陵。此说恐非。盖地在吴淞江上，比江颇高，有若丘陵然耳……

　　从莫旦《吴江志》的记述来看，莫旦在修志时，为了说清楚吴江古称松陵的由来，引用了《祥符图经》《吴越春秋》《旧经》等典籍，最早使用"松陵"二字的是成书于汉代的《吴越春秋》，称其历史可上溯至2500多年前的吴越争霸时期。作为镇级建制，松陵镇始置于汉代。到底为啥叫松陵？《旧经》认为是"松柏险隘"的缘故，但被莫旦否定了。莫旦认为之所以称为松陵，是因为地处吴淞江上，两岸高出江面颇多，从江上往岸上看，像丘陵那样隆起，才有了松陵的称呼。也就是说，这"松陵"两个字，"松"字来源于江名吴松江（古代均称"吴松江"，"淞"是后起字），"陵"是因为江的两岸高如丘陵。

　　正因为吴江古称松陵，所以很多关于吴江的文献都以"松陵"为名，如晚唐诗人皮日休与陆龟蒙互相酬唱的唱和诗集《松陵唱和集》,又名《松陵集》;又如清潘柽章《松陵文献》等。不但如此,早期的吴江县志也有多种称为《松陵志》的。

《松陵文献·序》云:"吴江始立县在钱氏有国时,志书昉于朱长文之《图经》,窦德远、吴本、史鉴、陈理、周永年皆有作,并佚不传。唯莫氏、徐氏二志存焉。莫《志》详而体裁未备,徐《志》简而疏漏甚多。"

《松陵文献序》提到的"朱长文之《图经》"即《吴郡图经续记》,其所记述的范围是"吴郡",并不是专记吴江,实际上是一部郡志,即府志。因此,吴江的第一部县志是窦德远所纂《洪武松陵志》。

窦德远,吴江四都充溪乡人。洪武中以儒学征授礼部主客郎中,后升本部侍郎。有文名。《弘治吴江志》卷10《荐举》有传。

吴江自后梁开平三年(909)置县,至元代元贞元年(1295),户口至夥,遂升为州。至正十六年(1356),张士诚入据吴江,始筑县城。至正二十六年冬十一月,朱元璋兵自太湖直抵吴江,驻兵于县西石里乡,领兵将领徐达以大义晓谕全州父老,吴江遂归附。洪武二年(1369),仍改州为县。

窦德远以吴江历史悠久、疆域广阔、民阜物丰、古迹众多,不可不纂辑志书,于是搜揽众说,采摭遗事,在洪武六年七月纂成是书。此志未刻,卷数不详,凡分5目,首疆域,次土产,次人物,次胜迹,次异闻。据《崇祯吴江县志》卷前引用书目,可知此志明末尚存。

《康熙吴江县志·别录》云:"窦德远,四都人。洪武初,以明经授礼部主客郎中,擢本部侍郎。尝辑《松陵志》,今不传。"则康熙年间此志已佚。

窦德远撰于"洪武六年七月既望"的《松陵志自序》及书中目录今尚存于《崇祯吴江县志》卷首《旧序目》中,《嘉靖吴江县志》

也收有该序。

《弘治吴江志·凡例》记载:"前元有旧《图经》,残缺不全。本朝洪武十一年、永乐十六年、景泰五年俱曾奉文纂修……今取三稿,与前《图经》合而一之。"可见,此志在莫旦纂辑《弘治吴江志》时,尚有"洪武十一年、永乐十六年、景泰五年"三个时间点"奉文纂修"的官修志稿未佚。这三部志稿,不知纂者姓名,志书名据前后推测也可能称为《松陵志》。

据《嘉靖吴江县志》卷首《吴江县志旧序》收录的《增辑松陵志序》可知,在正统七年又有一部由吴本编纂的《增辑松陵志》诞生了。

吴本,号云冈,明吴江三都西乡人。此书纂成于正统七年(1442)。所谓增辑,系相对于窦德远《洪武松陵志》而言。吴本《增辑松陵志序》亦存于《崇祯吴江县志》。其自序记:"《松陵志》,余家藏之久矣。数年之间,余亦究心焉,欲求他本一校,竟不可得其原本。所类古迹、土产、人物、异闻具少。余取《图经》及郡志诸书,凡系松陵者则采摭增入,用广其书,以便观览。集既成,又苦无缮写者,余于窗间复摩挲三月,始获脱稿……时正统七年龙集壬戌律值夷则既望。"增辑内容,据《崇祯吴江县志·旧序目》记,为山水、风俗二门,详情已不可考。《嘉靖吴江县志》《明清江苏文人年表》也都记有吴本纂辑《增辑松陵志》事。

《乾隆吴江县志·通例》云:旧吴江诸志之典核可信者有五:一明成化间莫旦《志》,一弘正间旦《续志》,一嘉靖间徐师曾《志》,一国朝康熙中叶燮《志》,皆有刊本传世。惟旦《续志》散佚耳。一成化间史鉴《志》,其书乃写本,藏于家。鉴后人或增益之,所传多异，然真笔自可考见。五志外，有不甚典核而稍可采者六：
一莫旦《松陵志》，明景泰间所辑；一董尔基《续徐志》（董全本陈
季衎稿）、一尔基《儒学志》，并国朝顺治间所纂；一屈运隆《志》，
与叶《志》并修；一钱霈《续叶志》，修于康熙末，亦皆刊行。

可见，前文所述在"景泰五年"所修纂《景泰松陵志》为莫旦
所纂。

莫旦（1429—？），字景周，号鲈乡。明成化元年（1465）举人。
博雅好古，为一方师表。历任新昌训导、国子监学正，年80余卒。
编著有《鲈乡集》《新昌县志》《贞孝录》《吴江志》《吴江续志》等。
吴江旧志，原有《图经》一编，但记载多有不实。明洪武、永乐中，
虽屡有纂修，但一向没有刻本，而传写舛讹往往令人不能卒读。景
泰五年（1454），朝廷诏修《一统志》，檄各直省、府、县修志，吴江
以莫旦等人总其事，即此志。《乾隆吴江县治·通例》将此志列入
"不甚典核而稍可采者"之一，说明在乾隆时尚未佚。

《弘治吴江志·凡例》称："前元有旧《图经》，残缺不全。本朝
洪武十一年、永乐十六年、景泰五年俱曾奉文纂修，意当时必迫于
限期、拘于凡例，未免得此失彼。而稿之存者，又多传写舛讹，人亦
罕见。"故莫旦完成《景泰松陵志》后又重立体例、目录，参考府志，
访问故老，删芜补缺，订正讹误，历时一年而于天顺元年（1457）始
克成编，名《松陵志》，共20卷。后经县丞季仕进等人捐俸付刻。
其父闻之，以书诚之曰"古人著书，多在暮年……汝为此书，何遽
刻之骤也"，遂停版。

古人称引书名并不十分严格，如《战国策》又称《国策》《国
事》《事语》《长语》《短长》《修书》，樊绰的《云南志》又名《南夷
志》《南蛮志》《蛮书》等。因松陵系吴江古称，所以此书有时又称
"吴江志"，后遂又因此误作《松陵志》《吴江志》两书。但考之莫

旦《松陵志自序》，编者明明说"名曰'松陵志'"，无疑应当作《松陵志》。盖名《松陵志》用本名，名《吴江志》用概称，即记述吴江的志书。此书共20卷，凡27类，每类之前均有小序。佚于何时未详，内容亦不可考。莫旦《松陵志自序》今存于《嘉靖吴江县志》《崇祯吴江县志》，序末署"天顺元年丁丑春三月既望"。

综上所述，早期以《松陵志》为名的吴江县志至少有窦德远《洪武松陵志》、吴本《正统增辑松陵志》，以及莫旦《景泰松陵志》《天顺松陵志》，还有"洪武十一年、永乐十六年"所编的两本，可能也叫《松陵志》。

在《乾隆吴江县志》卷五十七《杂录二》之"旧事二"中收录了一则"见莫旦《松陵志》"的文字，不知来自哪个版本：

> 逯宏，仁和县人，元太学生。永乐十三年，举授吴江教谕。学问该博，无书不读，然性近迂腐。御史陈智巡按至吴江，怪其衣冠不肃，斥之谓："何以为师范？"及试以《河图》《洛书》论，宏立就，文辞浏亮。智览之，惊服。

这则材料讲述了一位性格迂腐、不修边幅的吴江教谕逯宏的言行举止，尽管遭到御史"何以为师范"的斥责，可是他能够写得一手好文章，不但写得快，而且"文辞浏亮"，甚至令斥责他的御史都"览之惊服"。真有点"以貌取人，失之子羽"的味道，很值得玩味。

史册编过《黄溪志》吗？

在《乾隆吴江县志》卷五十八《杂录三》的"旧事三"中收录了一则文字：

大清顺治元年四月，民间传李贼陷京师。远近无赖子有驾械船出没江湖者。五月中，始见福王监国诏。黄溪市上各植军器于门，夜则鸣锣击柝。二年正月朔，日有食之。三月，浙直科考。旋闻纳银之令："童生每名五两，赴院试生员五百两，准贡候选。"五月十二日，郑鸿逵自镇江班师入浙经溪，溪人始见兵马。五月二十日后，传大兵渡江南下，苏州巡抚霍达及各属官皆逸去，吴江知县林嵋亦去。廿六日，浙江有大船北上，张大黄旗曰"奉使清朝"，或云潞王在浙遣使也。六月初，嘉兴兵备道吴某督兵守七里湾，陈兵至三里桥，军容甚盛。初八日，兵俱撤去。初九日，贝勒王统大兵入浙过溪，溪之耆老携茶盒迎馈，贝勒王受之。发告示一，皆满文。无赖子驾船揭白旗，书"大明义师"，白日剽掠无忌。十八日，嘉兴陈瑚自署为都督，起义兵，南北响应，道路梗塞。闰六月廿七日，大兵破嘉兴城，旋师北去。有不剃头者，杀之。黄溪始杀一人于依字圩田中，后每兵过即有杀者。八月，乡人每一村立大旗于树上，云"大清剃发顺民"。兵始封刀不杀人。吴江进士吴日生聚党起义，遇剃发者杀之。九月，吴日生营破，降卒千人。十一月，设官兵镇守各塘路，捕盗之师四出。各乡村自鼎革以来，未遇兵火，至是始罹其害。十二月，征钱粮，绅衿俱去巾，戴小帽。闻苏州令百姓戴满帽，乡人有不信者。三年正月十二日，黎泾港盗船冲杀无名桥汛兵八名，溪人大惧。时苏州总镇吴胜兆凶暴不仁。四月，帅兵至，将屠黄溪。其麾下有降贼，溪人也，先至，宣言曰："吴最喜迎接，若执香跪迎可免无事。"溪人从之。吴果喜，发告示安抚而去。吴以降盗为有用，百姓为无用，是以多杀百姓而恕盗也。七月，苏州遣官来镇守，官即苏州人也，姓王，字靖公，招降盗贼为官兵，以盗船为兵船，盗降者甚众，设栅三，拨兵船守之。民船出入，必加严讯。造挨门册，索供应，词讼悉守镇审理。四年夏，苏州发兵三百人镇黄溪，官二员：杨某、彭某，皆北人。溪人罢市，兵即调去，乃复为市。九月，王靖公缘事去，溪人具呈土抚台留之，不允。时官去，兵无管摄，夜出劫掠，乡人获之，解县官。县官以杀伤官兵责乡人，而兵不问也。后来镇守者数人：宜兴吴观周，纵兵暴横，令溪人各设灯于门，烛灭者挞之，未几去；李登举，山东人，未及一年去；崔进忠，北人，二年余升去；黄铉，亦北人，三年调去。皆声势赫奕，受词讼、拘犯人，听审如府县官。嗣后，权日削矣。

这则材料讲述的是大清入关，建立政权之元年，在苏州治下吴江县的一个叫黄溪小镇周边发生的种种"军事活动"：有"无赖子"打着"大明义师"旗号"出没江湖"趁火打劫；也有在"渡江南下"清军威胁下的"苏州巡抚霍达及各属官皆逸去"的"不战而亡"；更有无奈村民，为了活命，每村树一面"大清剃发顺民"的大旗；当然也有以吴江进士吴日生为代表的揭竿而起者的"反清复明"斗争。

这俨然是一幅面对朝代更迭的"众生相"，区区一个黄溪小镇居然成了各种势力登场"亮相"的"舞台"。而最早记述此事的并非《乾隆吴江县志》，其"出处"是"见史册《黄溪志》"。

那么，史册是谁？史家为明初名臣史仲彬的后人，史册为九世孙。史仲彬因为随建文帝逃亡而被革除官职，因此子孙相戒不仕。

史册，字义维，号素心，明末吴江县人。邑诸生。其子史宗勤，字公孙，亦有文名。其孙史在相，亦为文人。

《道光黄溪志》"文苑"有史册的传记：

史册，字义维，邑诸生。家贫力学，留心时事，凡屯盐、茶马、户口、贡赋靡不深究。尝谓吴为泽国，赋税甲于中原，所系尤巨。乃遍历六百里之地，考田则高下，相湖海咽喉，著《水利议》《赋役》诸书。邑侯熊开元重其才，属以更辑县志，未成而卒。著有《建文世纪》《三闰世纪》、孙吴、钱吴、张吴。《隆平纪事》《松陵风雅》《品行》《品文》《品诗》共六卷。《黄溪志》等。

从这篇传记中我们得知史册确实编过《黄溪志》。也许正是因为史册编辑过《黄溪志》，所以还曾应县令熊开元之邀，编辑过《吴江县志》，这部县志就是《崇祯吴江县志》。史册传记中称其"辑县志，未成而卒"，最后是其孙史在相完成了志书的编纂。是志无序跋和凡例述修志经过，后志及公私家书目也未提及此志，仅以卷端下题"邑人史册总修，孙在相校辑增补"，以及清史积中辑《史氏家乘》卷19《著述》录有"明素心府君讳册，《吴江县志》"方知著者。是书记事止清顺治十四年（1657），为海内孤帙，弥足珍贵。

《乾隆吴江县志》还在"风俗"篇提到史册《黄溪志》：

按：史册《黄溪志》，明嘉靖中，绫绸价每两银八九分，丝每两二分。我朝康熙中,绫绸价每两一钱,丝价尚止三四分。今绸价视康熙间增三之一,而丝价乃倍之。此业织绸者之所以生计日微也。

《乾隆震泽县志》"灾变"篇记载:"(成化)二十年,水,大饥,斗米百钱。本《水考》,参史册《黄溪志》。"

说明在乾隆年间史册的《黄溪志》尚存世,且被《乾隆吴江县志》《乾隆震泽县志》所引用。

不过,在《道光黄溪志》作者里人钱墀作于"道光辛卯春三月望日"的《自序》中记:"黄溪旧有志,始于前明乡先辈史义维先生。余尝求其原稿,渺不可得,仅得其家乘中所录一卷,殆非全本也。"

可见,在"道光辛卯"(1831年),此志已经基本失传,仅史氏家乘中尚录有一卷内容可查。

翁广平为《道光黄溪志》所作的《序》称:

黄溪为吴江一小村落。考之《图经》,吴赤乌三年,命司马领濠寨盛斌,分拨地界,建围作田,自青草滩筑寨,至野和溪,时属吴兴郡。今滩在溪东,与寨湖相属。吴越时,始属吴江县。宋庆历中,尚书黄由筑别业于此,遂名黄溪。嗣后,居民蕃衍,往往有伟奇高旷才笔之士挺生其间,而物产交易日盛一日,是不可以无志。前明史义维曾草创《黄溪小志》数页,颇多星漏。

翁广平说,黄溪的得名是因为"黄由筑别业于此"。那么,黄由又是何人?黄由是苏州历史上的一位状元。范成大《吴郡志》记载:"状元坊,淳熙八年,黄由魁天下,郡守韩彦质以表其间。"

王鏊《姑苏志》有黄由的传记:

黄由,字子由,长洲人。父云,字景祥,尝为淮西总所酒官。由弱冠有声太学,淳熙八年廷对……由对策及之,遂举进士第一。吴自有科目以来,由始冠多士,时人荣之……三年,除刑部尚书兼直学士院,官至正奉大夫,自号盘野居士。卒,赠少师。

对于一个小村落而言,一位状元官至刑部尚书、正奉大夫,能够选择此地建造别业,那是"无上荣耀"之事,"遂名黄溪"无可厚非。这个黄溪就是今天吴江区盛泽镇最北端的黄家溪村。

至于史册的《黄溪志》被翁广平说成"草创《黄溪小志》数页,颇多罣漏",那是相对于后出转精的钱埰《道光黄溪志》而言的。从本文开头《乾隆吴江县志》所"转载"的文字看,《黄溪志》有一定的史料价值是不容置疑的。

吴江两部失传的乡镇志

——《韭溪志》和《震泽备志》

在吴江的历史上，有一座桥堪称是吴江的代表，那就是始建于宋庆历八年(1048)的垂虹桥。当时吴江县治松陵镇，被古松江(即吴淞江)一分为二，今东门外还是一片泱泱泽国，百姓半居江南，半居江北，晨往暮归，均靠舟楫摆渡，而此处风大浪急，险象环生。于是垂虹桥便应势而建。初为木桥，东西长千余尺，取名利往桥。为方便路人歇息，桥两堍分别建有“汇泽”“底定”两凉亭，桥中心则建“垂虹亭”。元代易木为石，下开62个桥洞，后增至72个、85个，明代改为62孔。后世又称之为长桥或垂虹桥。历代300多位文人墨客对此桥情有独钟，留下众多的诗词画作。

民国年间，吴江人费善庆编纂过一部未整理完成的吴江县志稿《垂虹识小录》，志名即来自垂虹桥。显然，在作者眼中，犹如姑苏台之姑苏成为苏州代称一样，垂虹桥不仅仅是一座桥，它已经从吴江特有的标志符号演变成吴江的代称。该志稿保存了许多已佚方志的信息和文献资料，具有很高的史料价值。

以《垂虹识小录》所收《史惟则传》为例，分别依据钱《志》“艺能”、翁《平望志》、《图经续纪》和《韭溪志》四种志稿合成。其中钱《志》当指钱霑纂《康熙吴江县志续编》，“翁《平望志》”即翁广平撰《平望志》，“《图经续纪》”则朱长文《吴郡图经续记》。上述三志均有传世，唯独《韭溪志》在《江苏旧方志提要》中未见著录，应该是部佚志。据《嘉靖吴江县志》记载，韭溪之名由来已久："越伐吴，方会食，谍知吴杀子胥，即进兵，弃韭于溪，故名。"在今天吴江横扇东面10里有一处古村叫溪港，村名即来自穿村而过的小溪韭溪。

在《史惟则传》中，《垂虹识小录》转引《韭溪志》的文字云："弟怀则，唐末进士。宋兴，曹彬荐，召掌史局，亦工书。后进三品秩，赐绯鱼袋，不受，隐于浮屠。卒，谥静宪。"无独有偶，《光绪平望续志》既著录了"《韭溪志稿》，秦廷宝撰"，也转引了一则《韭溪志稿》云："金氏，韭溪范大为妻。年二十寡，抚孤鸣玉成立。娶媳赵氏，甫半载，鸣玉病且死，嘱赵曰：'尔已有娠，倘男也，当俟离褓褓，然后去留惟汝。'赵大哭，以节自矢。金又与媳抚遗腹孙，数十年无间言。一门双节，尤农家所难云。"从《光绪平望续志》的记录中，我们可以进一步得知，《韭溪志》可能是一部未刻稿本，其中内容至少有人物传，作者叫秦廷宝。关于秦廷宝的生平，《同治苏州府志》给出了答案："秦廷宝，字秋原，诸生，家韭溪。咸丰庚申，贼既陷县城，同时吴江之同里镇、黎里镇并举团练，皆相持数十日。韭溪地尤僻，农夫数百家，唯秦氏世读书。廷宝率其乡人为守御计，曾杀贼八、贼酋一，夺旗一。至五月十日，贼来众，乡人皆溃，廷宝受重伤，投水死。"

可见，《韭溪志》的作者是当地唯一的读书世家。咸丰十年（1860），他主动率领乡人抗击太平天国军，因受"重伤投水死"。

另一部吴江佚志的信息同样来自《垂虹识小录》。该志记载"慈云禅寺"云："在震泽镇东，周九亩，建于宋。中有浮图五成。"并以《震泽备志》作注："或云：吴赤乌中，慈云公主建，高十一丈。一名七井塔。相传初建时土尝坟起，有异人过，命穿其地，得井七而塔成,故名。今三井尚存,一在寺左偏,一在慈云桥东祠山庙,一在东方丈花台下。"进一步说明了慈云禅寺的修建始末。

《震泽备志》在《江苏旧方志提要》中也未见著录。据《同治苏州府志》著录,"《震泽备志》二卷",并注"《人物续志》作十二卷,误"。又有《震泽备志》作者传云:"沈金渠,字汉甫,少颖悟,善属文。为诸生,有声。继乃肆力于诗,高华典贵,一以新城为宗。著《震泽备志》《乙卯编》以存文献。厥后,沈眉寿偕乌程纪磊成《震泽志》,多取资焉。"《震泽镇志》亦有《沈金渠传》云:"沈金渠,字汉甫,号春桥。少颖悟,善属文。为诸生,试辄冠其曹,乡闱屡荐不售,乃肆力于诗。其诗高华典贵,一以新城为宗。著有《春风庐集》。没后,弟玉渠梓而行之。又有《震泽备志》二卷藏于家。"

前文所说"《人物续志》"是指赵兰佩所撰《江震人物续志》十卷补遗一卷,有清道光二十一年刻本,南京博物院有藏本。"《震泽志》"当即纪磊、沈眉寿合纂的《震泽镇志》十四卷,有道光二十四年刻本,收入《中国地方志集成·乡镇志辑》。从《震泽镇志·沈金渠传》"有《震泽备志》二卷藏于家"的行文可以推测,《震泽备志》是部稿本。《同治苏州府志》称:"眉寿,字子绥,少孤,秉生母教,狷介力学。所为志计十四卷,谨严具史法,同时为镇志者皆不能及。"从《同治苏州府志》的评价来看,这部《震泽镇志》应该说是"同时为镇志者皆不能及"的乡镇志中精品。一句"沈眉寿偕乌程纪磊成《震泽志》,多取资焉",充分说明《震泽镇志》之所以成为"谨严具史法"的善志,其中有沈金渠《震泽备志》的一份功劳在里面。

《震泽镇志》卷末《刊讹》云:"赵兰佩《江震人物续志》卷四《文学传》:'沈金渠以邑志久不修,于典籍所载、故老所传,凡前人遗事与民风士习,录成《震泽备志》十二卷,没后散逸,仅存《乙卯编》四卷.'下注:'张士元撰诗集序'.按,《备志》所纂实一镇之事,并非一邑,且止二卷,悉县志旧文,间增附传闻之事及近人题咏,原书具在,亦非没后散逸.《续志》所云,未知何据.且下注'张士元撰诗集序',今序中亦无此言."说明《震泽镇志》的作者是看到《震泽备志》的,只不过是二卷,而非《江震人物续志》所说的十二卷.如果两人所说均属实,最大的可能是赵兰佩看到的是全本十二卷,而沈眉寿、纪磊看到的是散逸后剩下的残稿二卷,而且是开头两卷,因此没有残稿的感觉,反而觉得《江震人物续志》有误,故有"原书具在,亦非没后散逸.《续志》所云,未知何据"一说.

两部虎丘佚志

一、首部虎丘山志《云峤类要》

虎丘自古就是东南名山,古往今来,有无数文人墨客流连其间,或吟诗或作文,或题名或筑室,既成就了虎丘的人文,也成就了虎丘作为吴中第一名胜的底蕴。

要查核一个地方的掌故轶事,地方志是最具有权威性的文献资料。虎丘作为吴中第一名胜,当然也有自己的专志,而且还有好多种。

《虎丘缀英志略》卷首有虎丘山僧佛海半白撰于"乾隆庚午仲春"的《序》,记:"虎阜禅寺为吴中胜地,历有志述,前明王秨有《云峤类要》一志,伊孙仲光手辑之。厥后复有文基圣、周安期等,皆有志,大都权舆于《云峤》一集者也。"

云峤即员峤,是古代神话传说中海中的仙山。王秨为啥要用"云峤"指代虎丘? 也许是因为虎丘古称海涌山的缘故吧。唐陆广微《吴地记》记载:"虎丘山,避唐太祖讳,改为武丘,又名海涌山。"

按照《虎丘缀英志略》的说法,王秨《云峤类要》应该是记载虎丘的最早志书,它把这部书说成王秨及其孙"仲光手辑",即孙子帮着祖父编辑,时间是明代。在《云峤类要》之后,还有文基圣、周安期都修过志书。

关于王秨的生平,王鏊《姑苏志》有传称:"秨,字行父,终日清坐,不闻謦欬。童竖入见,亦敛容而起。著《云峤类要》,纪事极该博。子仁美、孙宾,宾从孙敏,皆自有传。"对于《云峤类要》的评论,只有"纪事极该博"五字。就一部志书而言,这五个字的评价已经很高了。

顾湄《虎丘山志序》称虎丘"山之有志昉于王仲光,继之者文基圣、周安期,王《志》本其曾大父敌所撰《云峤类要》,体例古雅,湄犹及见之"。

从顾湄"体例古雅"的评价看,王仲光(即王宾)所撰《虎丘山志》是一部比较严谨的志书。王宾的志稿又是在其曾大父王敌《云峤类要》的基础上增辑而成。因此,要说最早系统记载虎丘诸胜及群贤篇什的虎丘山志,当推《云峤类要》。

顾湄《虎丘山志》卷首"旧志纂修姓氏"的第一人正是"元王敌,吴郡人,著《云峤类要》"。《道光苏州府志》"艺文一"著录为:"《云峤类要》,吴江王敌。"明确王敌是吴江人。《乾隆震泽县志》"撰述一"之"书目"也加以著录,说明王敌为吴江人是毫无疑问了。《道光震泽镇志》则载:"《云峤类要》,王敌。未见。"也许到了道光年间,《云峤类要》已经失传了。

上述各志书的记载,明确王敌是吴江震泽镇人,顾湄《虎丘山志》称"元王敌",前文所引《虎丘缀英志略》又称为"前明王敌",唯一的解释就是王敌生于元末、卒于明初,是元末明初之人。

虎丘目前已知现存最早的志书是"王宾撰、茹昂重辑《虎丘山志》"。徐源所撰《序》称"成化丙午,孝感刘君作尹长洲之八年,惠泽大通,留心好古,谓兹山为吴中名胜,歆动遐迩,惜无志载之以传慰四方之好事者,乃求得故儒王仲光先生手编志草一卷,奈何略而未成,遂谋诸乡贡进士邑人茹君昂……凡有关于山者靡不遍及,参以旧志,删录成编,名曰《虎丘山志》"。

刘辉《序》亦称："惟是名山，当有志书。前此故儒王仲光盖尝撰之，惜当老年草创，纪述粗略，乃以谋诸乡贡进士茹君昂，请重修之。"

说明在"成化丙午"（1486年），长洲县令想为虎丘修志，找到了王仲光（即王宾）的"现成"草稿，但不是很满意，于是再找茹昂补充完善，"删录成编"。

文肇祉《虎丘山图志序》称："我朝洪武初，有性海禅师普真以志请于王仲光氏。仲光讳宾，即舍别业之二王后也。其先有讳羖者，尝辑《云峤类要》，纪载虎丘诸胜及名贤篇什，是为仲光之曾大父。仲光乃取其遗书而汇创斯略。"

文肇祉《序》称王宾是"舍别业之二王后"，即唐陆广微《吴地记》所记载的"虎丘山……其山本晋司徒王珣与弟司空王珉之别墅。咸和二年，舍山为东、西二寺……"这件事的主角王珣、王珉的后代。这也是王羖、王宾祖孙二人编纂虎丘山志的缘由吧，借以记载祖先的"功德"。

从文肇祉这篇《序》文看，王宾编纂虎丘山志是在洪武初年，"汇创斯略"说明书名带有一个"略"字，也许是《虎丘志略》或《虎丘纪略》。不过《乾隆苏州府志》"艺文二"著录的是"王宾《虎丘志》一卷"。王宾的曾祖父王羖编《云峤类要》当在"洪武初年"之前，即元代。也就是说，在元代末年，虎丘已经有专门的志书了。

王羖《云峤类要》没有传世，但是其孙王宾在此基础上编纂的《虎丘山志》到了成化年间由茹昂"删录成编"了。

王宾，初名国宾，字仲光，长洲人，博综文籍、经史、诸子、历数、兵政、百氏、小说，靡不该贯，而制行奇狷，不娶不宦。性至孝，奉母甚笃。自号光庵，所著有《光庵集》《吴中名贤纪录》《吴下古迹诗》。茹昂，字思德，长洲人，成化间乡贡进士。

这部《虎丘山志》经过王玘、王宾祖孙二人的接续努力，最后在时任长洲县知事刘辉的重视下，又聘请乡贡进士邑人茹昂"冥搜博采，上自唐汉以迄于今"，终于让它传之于世。成化二十二年（1486）刘辉刻本传世极少，现藏国家图书馆。

全志2卷，卷1山、泉石、寺、殿阁亭台、冢墓、庙、名公祠、庵院、溪塘、土产、异僧、名僧、异人、名人、名贤、异迹、异闻、杂志、文辞、书翰、绘塑；卷2文集（亦称《虎丘志总集》），汇集历代有关虎丘的记、铭、序、文、题名、碑、赞、疏、石刻等近30篇。

1956年，时任苏州文化局局长的范烟桥为了避免孤本失传，嘱友据苏州来青阁书庄主杨寿祺所藏成化刻本转抄成一册，卷首附杨氏、范烟桥所作《识》各一篇。据杨《识》称，是刻本原一卷计56页，原阙8页，嘉靖年间曾增补3页。范烟桥《识》云："原书藏杨君寿祺家，以价贵无力易之，承印抄见贻，移置图书馆，资众览。"此抄本现藏苏州博物馆图书馆。

二、周永年纂《虎丘山云岩寺合志》

顾湄《虎丘山志》卷首"旧志纂修姓氏"称："周永年，字安期，吴江人，著《虎丘山云岩寺合志》。"可《康熙吴江县志》"撰述"著录的是"《邓尉山志》《虎丘志》"，没有提合志。其实云岩寺本身就在虎丘山上。朱长文《吴郡图经续记》记载："云岩寺，在长洲西北九里虎丘山。"寺在山上，山志不能不记山上之寺。因此，不论是称"《虎丘山云岩寺合志》"，还是"《虎丘山志》"或"《虎丘志》"，记述的对象都是一个，不过是同书异名而已。

周永年撰《虎丘志》，成书时间当是崇祯年间。徐乾学撰于"康熙丙辰九月"的《重修虎丘山志序》称："山有志昉于明初王仲光宾，宾盖据曾王父玘《云峤类要》旧本，然已断烂不复全。其后有雁门文肇祉本，最后则松陵周永年本。周本繁芜失次，且未及流传。

世所传雁门本也。"

之所以徐乾学对周永年本《虎丘山志》的评价是"繁芜失次"，即繁复杂乱，大概因其还是个稿本，没有最后定稿，也没有刊刻流传的缘故。

《康熙吴江县志·周永年传》称："周永年，字安期，用曾孙。父祝，太常寺典簿，有诗名。永年少有才名，博涉经史，诗文敏给，如不注思，错互献酬，无不曲中，咸以通人目之。周氏世好释氏学，永年尤端精，又通晓时务，郡邑守令恒咨焉。遭乱坎轲，卜居吴中西山，未几卒。所辑有《吴都法乘》《中吴志余》《吴郡艺文志》《松陵别乘》等书，藏于家。"甚至没有提及《虎丘志》，可能是因为没有正式刊印，不作为其代表作吧。

两部失传的灵岩山志

灵岩山在木渎镇西北,北距天平山2公里,山坡较天平为缓。山多奇石,千姿百态,有奇石状如灵芝,故名;远望山势右旋,似巨象回顾,一称象山;因灵岩山西麓出产的板岩是藏书嶂村石砚等石雕工艺品料石,故又称砚石山。此外,灵岩还有石城山、石鼓山等名。山北西走向,长2.3公里,宽1.2公里,海拔182米。山体奇秀,松林满山,殿宇雄伟,古塔耸立,尤多吴宫遗迹,为苏州西郊著名的旅游胜地。

山顶花园内有玩花池,一名浣花池,相传是吴王夫差为爱妃西施赏荷而建。山上灵岩寺,原为东晋司空陆玩在馆娃宫遗址上所建别业,后舍宅为寺。梁天监二年(503)扩建,改名秀峰寺,唐代改称灵岩寺。山巅多宝佛塔,俗称灵岩塔,又名永祚塔,7层,高33.4米。始建于梁天监二年,五代吴越时重建。

丰富的自然和人文景观,引人入胜,给人以无限遐想。沿山路向上攀登,一路上可以见到所谓一径穿亭、苍翠迎人、落红夕照、塔院松风、醉僧待渡、越女遗踪、太湖在望、箭泾采香、秀峰古刹、灵岩塔影、萧寺钟声、万家灯火、山管拥翠、吴宫遗址、山顶花园、修廊响屧、琴台浴晖、蕲岳同辉等灵岩十八景。

这些景观的呈现,是依靠历代文人不断累积总结出来的,其中少不了地方专志的功劳在里面。有史可查第一个专门为灵岩山修志的是北宋朱长文。

一、宋朱长文《琴台志》

《木渎小志》卷六《艺文》著录"宋朱长文《琴台志》",并注云："此书为纪述灵岩之始,故录冠于首。"从前人的著述看,这部《琴台志》是记载灵岩山的"开山之作",而且是宋代名志《吴郡图经续记》的作者朱长文所纂。《崇祯吴县志》:"灵岩山,在县西三十里,高三百六十丈,一名石鼓山,又名砚石山,又名石射堋。山本吴王离宫也……山之西北绝顶为琴台,可以远眺,范文穆成大谓'下瞰太湖及洞庭两山,滴翠丛碧在白银世界中'者是也。自台而东为走马街,长而渐方,旧有偃松卧其下,范文穆言其奇,今不存。"可见,灵岩山有石鼓山、砚石山、石射堋等多个别称,而且都与石头有关,其山顶可以登高远眺的地方就叫琴台,也就是说琴台是灵岩山的最高峰,甚至可以算是山的一个"标志",用琴台来指代灵岩山也未尝不可。《民国灵岩山志》称:"琴台,在山西绝顶。相传吴王令西施鼓琴处,石上镌'琴台'二字,明王鏊题曰'吴中胜迹',清乾隆十五年建亭其上。今废。"《道光苏州府志》有云:"按,张大纯《采风类记》云,灵岩山去城西三十里,馆娃宫遗址在焉,其突起者名琴台山。"可见,后人也有将灵岩山称作琴台山。朱长文用"琴台"二字作为志书名称,当然不可能仅仅记载这个琴台,应该是指整个灵岩山。落款为"中华民国三十二年癸未孟夏驮沙张一留谨序"的《灵岩山志序》称"宋朱长文《琴台志》、清沈钊《灵岩新书》二者均未之见",可见在1943年此志已经失传。

二、沈香祖《灵岩新书》十二卷

《同治苏州府志·艺文四》著录"沈香祖《灵岩新书》",小注云:"分三十六门,以巡幸冠于篇首,沈德潜序。"又《同治苏州府志·艺文一》"沈香祖《春秋胡传注》《桂谱》《灵岩集》",其后小注云:"《木渎诗存》云:又名钊,字勘存,著《灵岩新书》,乾隆十六年驾

幸山寺,进呈。"《民国吴县志·列传四》"顾嘉誉,字来章,绩学著
书,离远尘俗,寓横山下二十余年,所居曰涧西草堂,凡游览所及,
多有记载,成《横山志略》六卷,史官徐葆光序。同时有沈香祖,字
勖存,木渎诸生,著《灵岩新书》十二卷。乾隆十年南巡,驾幸山寺,
沈德潜为进呈御览,称善。"《木渎小志·人物四》"沈钊,字勖存,
更名香祖,木渎诸生,著《灵岩新书》十二卷。乾隆十年南巡,驾幸
山寺,沈德潜为进呈御览,称善。"从上述著录看,《灵岩新书》的
作者沈香祖,原名沈钊,字勖存,著有《春秋胡传注》《桂谱》《灵岩
集》等,其身份是木渎诸生。乾隆十年,通过沈德潜将《灵岩新书》
进呈给"南巡驾幸山寺"的乾隆御览,获得乾隆的赞赏。《灵岩新
书》总十二卷,分三十六门,将"巡幸"冠于卷首,还有沈德潜写的
序。落款为"中华民国三十二年癸未孟夏駃沙张一留谨序"的《灵
岩山志序》称"宋朱长文《琴台志》、清沈钊《灵岩新书》二者均未
之见",可见在1943年此志已经失传。是否被乾隆带去宫中,也
未可知。

难觅当年《渎上编》?

数年前,有朋友曾经问我有没有看到过《渎上编》? 当时,我如实回答:没有。后来在整理旧志时发现,此书的"引用率"颇高,于是专门花了点时间,对《渎上编》进行"搜索",有了大概结果,聊作对朋友之问的"迟到的答复"。

在叶昌炽撰《寒山寺志》的"志寺"中有云:"吴中山水图经,若《虎丘志》《横溪录》《渎上编》,其例隘矣……"将《渎上编》与《虎丘志》《横溪录》并列作为"吴中山水图经"看待,说明《渎上编》本质上属于"图经",即志书。《乾隆苏州府志》有著录,说明此书成书于乾隆之前。

《民国木渎小志》卷六收录王汝玉《香溪杂咏》,其无题小序云:"木渎之名见于《元丰九域志》。自宋迄明,其人物事迹当有不胜书者。又考《府志》艺文,有冯翼《渎上编》四卷,惜不知为何时人,其书亦不传。"在《香溪杂咏》的后面有一首诗云:"名载元丰百八年,我来怀古动流连。遗闻逸事知多少? 难觅当年《渎上编》。"显然,要了解木渎历史和遗闻逸事,寻找《渎上编》是最佳途径,可惜王汝玉撰《香溪杂咏》时已称难觅其书了。

"渎上"就是"木渎",就好像我们称上海为"沪上"一样。这一点我们可以从《木渎小志》卷三的一则传记证实:"张钺,字少弋,华亭人,迁居渎上。布衣,工诗,与从兄镛同为叶横山高弟,著有《鹤沙诗草》。"该志后面所附《木渎故事骈言》有云"吴邑首镇,渎上名区。远带三乡,近标十景",也可作为旁证。

《木渎小志》卷一记载:"木渎为吴邑首镇,其名始见于《元丰九域志》,《宋史》因之。明清两朝,设官分理。"其小注云:"明季冯翼有《渎上编》四卷。"即《木渎小志》说法是来源于《渎上编》。

《乾隆苏州府志·人物九》记载:"王汝玉,名璲,以字行……年十七中浙江乡试,洪武末以荐摄郡学教授、应天府学训导,擢翰林五经博士。永乐初,进检讨,再进春坊赞善,预修《永乐大典》……"文中的王汝玉并非撰写《香溪杂咏》的王汝玉。因为此人洪武年间参加科考,还参与了《永乐大典》的编修,是明初人,不可能在诗文中提到"明季冯翼"所著《渎上编》。

明代苏州传世的两部府志分别是卢熊《洪武苏州府志》和王鏊《正德姑苏志》,两部志书均不设"艺文",而且分别成书于明初和明中期,即使设立"艺文",也不会记述"明季"人的著作。前文所称"考《府志》艺文",当即《乾隆苏州府志》。而这个"王汝玉"也是另有其人,应是清朝的王汝玉。

《民国吴县志·艺文考二》著录:王汝玉,字润甫,号韫斋。叶廷管曰:韫斋为人浑厚和平,诗古文辞亦绝,不矜才使气。咸丰二年春病殁,年五十有五,终于明经。《梵麓山房笔记》六卷、《九九消寒录》一卷、《梵麓山房文稿》四卷、《闻妙轩诗稿》十八卷、《伴梅花馆词钞》三卷。

王汝玉是清咸丰二年前在世的人物,《民国吴县志》"艺文考"著录其著作,当为吴县人,关注吴县首镇木渎的人文历史乃理所当然的事。他得知有《渎上篇》这本地方小志,却无缘寻觅得之,因而作诗感叹。

《木渎小志》卷三《人物四》记载:"冯翼,字二有,木渎人。殷心抑弟子,与同里沈建、殷明试诸人友(《木渎诗存稿》载有《井亭诗》《三人坐法观山房唱和诗》)。著《渎上篇》四卷,《崇祯吴县志》多采取。其书今佚。"

上述记载说明此书成书时间是明末,共四卷,作者是木渎人冯翼。《崇祯吴县志》编纂时采用了很多《渎上编》中的内容,说明其史料价值高,成书时间要早于《崇祯吴县志》,即崇祯十五年(1642)。

《渎上编》被《崇祯吴县志》采用了 27 则,其中多数是木渎人物传记资料,如"王某,木渎铜工,其制香球及锁皆精巧。相传洪武初,外国进蟹锁,募工开之,鲜有能者,惟王某应手虚落,赐冠带归里。""朱端,木渎人,衣冠修楚,宣德间造锡器,制作奇古,时称朱象鼻。"记载了明代两位擅长"铜工"和"造锡器"的能工巧匠。

又一则云:"天际,来自少林,习拳棍,推第一手。嘉靖中,敕赐金牌剿倭,终老灵岩。嗣玉庵,亦得其法。盗至,随手皆毙,能护持佛法。"记载灵岩寺僧天际、玉庵师徒二人身负高超的少林拳棍绝技,且天际参与了剿倭,玉庵传承其师衣钵,护持佛法。

落款为"民国十年十月十日邑后学徐日塈谨跋"的《木渎小志跋》云:"自明季冯翼撰《渎上编》以来,其书散佚久矣。三百年中,鸿儒硕彦、骚人逸士著作等身者难更仆数,而独于乡土文献绝无只字流传,何哉?盖发凡起例也,搜罗书籍也,从事采访也,合数十人之才力、心思,穷年累月,举其大概,尤须赖一二大手笔汇其全而综其要,始得告厥成功,然犹不能免当世之讥评、后人之驳议。甚矣!志固若是其难也。"

徐日塈的跋文道出了修志之难,"合数十人之才力、心思,穷年累月"而成的志书,哪怕是依靠"一二大手笔"总纂,最终拿出来的成果也免不了"当世之讥评、后人之驳议",所以《渎上编》之后三百年中,无人再做这种吃力不讨好的事了。

《木渎小志序》也称:"自明季冯翼撰《渎上编》后将三百年,莫为搜辑,湮没无闻,遂使祖宗歌哭之乡、童稚钓游之地,猝有所叩,茫乎莫辨……"从这个角度来看,不论是《渎上编》还是《木渎小志》,对于乡邦文献的贡献都是巨大的。

《太湖备考》"引用书籍"中也有《渎上编》之名,且其"滨湖山"目云:"胥山,在县西南三十五里,胥口在其下,东连皋峰……或云即姑苏山,姑苏台在其上。"其小注引用了许多旧志,其中有云:"又《渎上编》载顾龙光《皋峰纪略》云,峰之尾直抵胥口,吴王游姑苏之台,正此山也。尧峰麓小紫石山亦名姑苏台,然云高见三百里,则必以皋峰为正。按,胥山连皋峰,筑台亦必相属。《洞冥记》所云'横亘五里'也,紫石山无此广袤。"

《太湖备考》成书于乾隆十六年(1751),作为《太湖备考》的"引用书籍",《渎上编》此时无疑尚存于世。从《太湖备考》所引记载文字看,此书记载的范围不仅有人物,还有山川,地域范围也达太湖边上的胥山。

《民国吴县志·列传孝义一》有云:"王宾,字仲光,木渎人,生有至性……"其小注云:"《府志》入长洲县,今据《渎上编》订正。"小注中所云"《府志》",当指离《民国吴县志》编修时间最近的《同治苏州府志》,为了订正《同治苏州府志》之误,引用了《渎上编》,说明编者尚能见到此书。《民国吴县志》刊刻于1933年,也许此时编者尚能见到《渎上编》。

《吴门表隐》:"灵岩砖塔,在琴台西,九成。宋太平兴国二年,孙承祐为姊钱王妃资冥建,自为记。久废。非今之塔也。见明冯翼辨。"这则"冯翼辨"是否也是《渎上编》中的内容?不得而知。

《吴都法乘》收录了冯翼《灵岩塔辨》：

《山志》云："宋太平兴国二年，藩臣孙承祐为姊钱王妃修冥福，建塔九成，藏古佛舍利二颗，亲书《金刚般若经》于峻级中。《记》云'不挥郢匠之斤，止运陶公之甓'，乃砖塔也。不知何年复构以木？迩毁于雷火者，未知即是此塔否？"

冯翼云：宋所建之塔，非今灵岩塔也。凡古刹中，小小建置，必有记，岂梁天监二年铸塔缸，建此拔地巍巍者，竟无记乎？如第一官碑，吴文定宽犹及见之，今何在矣？如圆照禅师无际之塔，赐额于政和二年，亦必有记。今仅存碑额于荒蔓间，岁久失据，妄有指名，卒非其实也。

按，宋塔《记》云九级，今七级，一误也。不挥郢匠之斤，止运陶公之甓，则无木矣。兹于万历间雷火，自级中炽焰三日夜，而铁缸始坠，则自下至上皆木也，与不挥郢斤不合，二误也。《记》云藏古佛舍利二颗、《金刚经》一卷，而佛牙不载入《记》，岂佛牙不足镇塔？何灰烬中木筐得存、偏著灵异？三误也。梁天监二年铸塔缸，已有明征，则宋《记》宜云某年、某人建，某年、某人重修，不曰修而曰建，四误也。《记》云贺成凡九旬有六日，若如许巍巍之工，定需经岁，岂不百日而竣耶？五误也。山史云未知即是此塔否？一时未置辨。

但翼尝过岘山何氏有广庭，庭有老梅，花盛开，周墙俱斑剥研石，翼甚异之。主人云："此何足贵？旧有金沙塔砖，规制甚古，可作研，并为人取去。"翼瞿然曰："金沙塔何在乎？"主人曰："在琴台下稍西。""塔砖今可得乎？"曰："尽矣！依稀仅存废址。"始信砖塔《记》，非今灵岩塔《记》也。土人几世于斯，闻见真切，何所诬乎？先是，翼谒父执许机于枫桥，见几上一研，砖铭曰："灵岩寺浮图石。广六寸,长逾尺。吐云雷,吸风日,劫火烧,尘土蚀,千秋万年谁拾得？叩即渊渊嘘乃湿。是藐秦碑夸汉勒,剩数斛之石墨,润生花之梦笔。"

翼展玩良久,意灵岩塔肖然无恙,未尝损一砖也,特木毁耳。即有砖与铁缸俱坠,铁且碎,况砖乎？是恶能周正若此？盖蓄疑不决者有年。闻何氏说而此砖为金沙塔砖无疑矣。今人不得其实,而指百步街石幢为金沙塔,不亦谬乎？然记中不及金沙二字,抑亦疑也。

这篇《灵岩塔辨》言之凿凿,考证精当,足见冯翼的文史功底。作为木渎人的冯翼关注地方文化是不容置疑的。

附　录

吴中故实

郡　县

《吴地记》一卷。张勃。

《吴郡记》一卷。顾夷。

《吴郡记》一卷。陆道瞻。

《吴地记》。王僧虔,见《御览》。

《吴地记》。董监,见《御览》。

《吴地记》一卷。陆广微。

《吴地后记》一卷。不著撰人。

《删治吴地记》。张搏,并绘郡图。

《吴郡沿海四县记》。《吴郡缘海记》。并见《御览》。

《分吴会丹阳三郡记》二卷。见《唐志》。

《苏州图经》六卷。李宗谔。

《吴郡图经续记》三卷。朱长文。

《平江府五县正图经》二卷。见《宋志》。

《吴郡志》五十卷。范成大。

《戒庵老人续吴郡志》。

《吴地广地［记］》[1]五十卷。杨遂,浦城人,居太仓。

《苏州续志》一百卷。成化中,知府邱霁聘邑人刘昌、李应祯等修。

1　据《乾隆苏州府志·艺文二》改。

《苏州志》。张习,未成书。

《郡邑纂类》。伊乘。

《姑苏志》六十卷。王鏊。

《苏州府纂修职[识]略 [1]》六卷、《吴邑志》十六卷。杨循吉。

《姑苏志补遗》。蔡昂,本姓顾,长洲人。

《苏州府志》四十六卷 [2]。卢熊。

《吴郡考》二卷。刘凤。

《苏州府志稿》十四册。王志坚。

《苏州府志》八十二卷。卢腾龙。

《苏州府志》八十卷。知府雅尔哈善延邑人习寯、邵泰、蒋恭棐、王峻等修。

《吴县图经》。罗处约。

《吴县志》五十四卷。牛若麟、王焕如同修。

《吴县志》。吴孙佩 [3],书成于康熙乙亥。

《乾隆吴县志》一百十二卷。杨绳武、叶长扬同修。

《长洲县志》十卷。孙应时,庆元初县令。

《长洲县志》十卷。见尤《志》,杨循吉。

《长洲县志》十四卷。皇甫汸、黄姬水同修。

《长洲野志》。伍卿忠。

《长洲县志》。归圣脉、蔡方炳同修。

《长洲县志》三十四卷。宋邦绥、沈德潜同修。

《元和县志》三十六卷。施何牧。

《娄地记》。顾启期。

1　此处承袭《乾隆苏州府志》之误。《吴门补乘》云:"'识'误作'职'。"

2　《洪武苏州府志》作"五十卷"。

3　今本《康熙吴县志》作"孙珮"。

《玉峰续志》。边实、凌万顷同修。

《玉峰志》[1]。项公泽。

《昆山志》八卷。殷奎。

《昆山州志》。明初修,杨谦。

《昆山志》。蒋明。

《昆山志》。季簾。

《昆山志》。顾潜。

《昆山县续志》八卷。见尤《志》,王同祖。

《昆山县志》。王纶。

《昆山志》。周世昌。

《昆山志稿》。唐德宜。

《昆山志》。盛符升。

《昆新合志》三十八卷。王峻。

《琴川志》。范成大。

《琴川图志》。见卢镇《志》。

《重修琴川志》十五卷。淳祐中,县令鲍廉属邑士钟秀实、胡淳修。

《琴川志》。开禧三年,知常熟州叶凯修。

《琴川志》二十六卷。潜说友。

《重修琴川志》十四卷、《拾遗》一卷。至正中,县令卢镇。

《琴川志》。孙应时。

《琴川新志》。管《志》作《常熟志》,张洪。

《常熟志》。季簾。

《常熟县志》。宣德末,县令郭南。

《常熟志》。桑瑜。

---

1 《玉峰志》当列《玉峰续志》之前。

《常熟县志》四卷。桑悦。

《琴川新志》。李杰。

《常熟志》十三卷。邓韨。

《常熟县志》十五卷。龚立本。

《常熟县志》二十卷。姚宗仪。

《常熟县志》二十六。钱陆灿。

《常熟志》八卷。曾倬。

《昭文县志》十卷。陈祖范。

《常昭合志》十二卷。言如泗。

《松陵志》。窦德远。

《吴江县志》二十二卷、《续志》三卷。莫旦。

《吴江县志》二十八卷。嘉靖辛酉,徐师曾修。

《续吴江县志》。陈绍庆。

《吴江志》四十七卷。叶燮。

《吴江县志续编》十卷。钱霑。

《吴江县志》十七卷。屈运隆。

《续吴江县志》。董尔基。

《吴江县志》五十八卷、《震泽县志》三十八卷。并沈彤等修。

《苏州府学志》四卷。蔡昂。

《苏州府学志》十八卷。教授江夏刘民悦同王焕如修。

《苏州府学志》。过孟起。

《吴郡学志》。王穀祥。

《常熟县儒学志》十卷。缪肇祖。

《吴江学志》。陈绍庆。

《吴江县儒学志》七卷。董尔基。

山 川

《吴郡诸山录》一卷。周必大。

《百城烟水》九卷。徐崧、张大纯同撰。

《采风类记》八卷。张大纯。

《吴山纪实》。高文度,蜀人,寓石湖。

《虎丘志》一卷。王宾。

《重辑虎丘志》二卷。茹昂。

《虎丘山志》六卷。图志一卷,续集诗文五卷,文肇祉。

《虎丘志》。周永年。

《虎丘山志》十卷。顾湄,太仓人。

《虎丘志》。顾诒禄。

《虎丘志》十卷。陆肇域。

《阳山新录》。顾元庆。

《阳山志》。岳岱。

《羊山志》。韩洽。

《邓尉山志》二卷。沈津。

《邓尉山志》一卷。见尤《志》,靳学颜。

《邓尉山志》十八卷。周永年。

《寒山志》一卷。赵宧光。

《尧峰山志》六卷。陈仁锡。

《横山志》。赵嘉誉、徐葆光序。

《灵岩山志》八卷。黄习远。

《石公山志》。王听泉。

《穹窿山志》。施道渊。

《穹窿山志》。陆桂馨。

《吴中开江书》二卷。一名《娄江志》。

《三江图说》一卷。王亿。

《禹贡三江辨》一篇。朱鹤龄。

《震泽记》。见王圻《续通考》。朱右，字伯贤，太湖人。

《太湖志》十卷。蔡昇。

《太湖续编》。蔡洋，昇子。

《震泽编》八卷。王鏊删蔡氏书。

《洞庭记》。郑坤。

《太湖志》。丁允亨。

《太湖志》。李备，字岭西，马迹山人。

《太湖志》。华渚。

《太湖备考》十六卷。金友理，附其师吴曾所著《湖程纪略》一卷。

《具区志》十六卷。翁澍。

《石湖志》四卷。莫震。

《石湖志》。莫旦。

《石湖志》十卷。卢雍。

《石湖志略》二卷。卢襄。

《横塘记》。赵荣，吴县人，一作荣从子栋撰。

《横溪录》八卷。徐鸣时。

《渎上篇》四卷。冯翼，吴县人。

《淞南志》。陈元谟。

《淞南续志》。陈云煌。

《吴郡甫里志》十二卷。陈惟中。

《甫里志》二十卷。顾时鸿。

《同里志》。李瓒。

《同里志》二十四卷。周之桢。

《平望镇志》。曹孚。

《平望志》四卷。潘凯。

《平望志》。翁存礼。

《盛湖志》。仲枢。

《圣恩寺志》。王焕如。

《黎里志》十六卷。徐达源。

《常熟破山寺》志四卷。程嘉燧。

《马鞍山志》。沈启东。

纪　载

《春秋吴语》一卷。韦昭注。

《越纽录》十六卷。吴平，会稽人，见《论衡》。书成于更始之年，即今《越绝书》。

《吴越春秋》十二卷。赵晔。

《吴越春秋削繁》五卷。《吴越记》六卷。杨方。

《吴越春秋注》十卷。皇甫遵。

《吴会杂录》一卷。魏羽。

《吴越记》六卷。见《隋志》。

《吴越备史》四卷。《宋志》十五卷，明钱德洪刻本六卷。范坰、林禹撰，托名钱俨。

《吴越备史遗事》一卷。《宋志》五卷，《世善堂书目》九卷。钱俨。

《建炎复辟平江实录》一卷。张浚。

《石湖日录》。范成大。

《中吴纪闻》三卷。龚明之。

《续中吴纪闻》六卷。龚宏。

《吴越记》。见王圻《续通考》,谢沈。

《姑苏笔记》。罗志仁,新喻人。

《平江纪事》一卷。平江路总管高德基。

《吴中杂志》。陆友。

《吴中旧事》一卷。陆辅之。

《吴越纪余》。钱贵。

《续吴录》二卷。刘凤。

《吴郡献征录》。朱存理。

《吴中纪胜》一卷。华钥,无锡人。

《蓬轩吴记》一卷。黄日升。

《三吴杂志》一册。潘之恒,歙人。

《苏志备遗》。王世贞,太仓人。

《吴郡二科志》一卷。阎秀卿。

《吴中科第录》三卷。蒋元泰,起顺治丁亥,迄乾隆己亥。

《中吴志余》。周永年。

《吴门别乘》。顾质,本姓戴,长洲人。

《金阊事纂》。伍卿忠。

《吴门补乘》十卷。钱思元。

《震泽纪闻》二卷。王鏊。

《续震泽纪闻》一卷。王禹声。

《五湖漫闻》二卷。张本。

《海虞别乘》。陈三恪。

《虞乡杂记》。毛晋。

《松陵别乘》。周永年。

《邑乘备考》一册。顾我锜。

《松陵所见录》十六卷。周汝翼。

《林屋民风》十二卷。王维德。

《玉峰可信录》。吴镜。

《张浦遗闻》。沈启东。

传　记

《吴国先贤传》五卷。《隋志》四卷。《先贤传赞》三卷。陆凯。

《吴郡钱塘先贤传》五卷。《吴国先贤像赞》三卷。见《唐志》，

吴均。

《吴中名贤纪录》一卷。王宾。

《吴先贤赞》一卷。刘昌。

《续吴先贤赞》十五卷。刘凤。

《东吴名贤纪》八卷。《提要》二卷，周复俊。

《吴中先贤传》十卷。袁衮。

《姑苏名贤小纪》二卷。文震孟。

《姑苏名贤续纪》。文秉。

《姑苏续名贤小纪》二卷。徐晟。

《吴贤考》二册。见《百岁堂书目》。

《吴中往哲记》一卷、《补遗》四册。杨循吉。

《续吴中往哲记》一卷、《补遗》一卷。黄鲁曾。

《吴中人物志》十三卷。《提要》十二卷，张昶。

《吴中人物志》。袁衮。

《吴中人物表微》一卷。见尤《志》，左兆先。

《吴逸民传》。陈匡国。

《吴中故实》一卷。杨循吉。

《吴中故实续记》一卷、《补遗》三卷。黄省曾。

《三吴文献志》。赵用贤。

《古吴文献》。许元溥。

《中吴文献》六十册。共四百翻,无卷次,钱中谐。

《吴逸民传》八卷。一名《尚友篇》,华渚。

《吴嚠文献》。朱子素。

《元和人物志》四卷。顾绍敏。

《南濠人物纂》。褚亨奭。

《甫里文献》十二卷。王龙江,本姓萧,上海籍,昆山人。

《玉峰文献录》。顾潜。

《昆山人物志》十卷。方鹏。

《昆山人物传》十卷、《名宦传》一卷。张大复。

《昆山人物略》。王志坚。

《玉峰完节录》。张立廉。

《昆山人物续考》。叶沄。

《常熟文献志》十八卷。今本十二卷,管一德。

《常熟先贤事略》十卷。一作十六卷,冯复京。

《虞邑先民传》。陶贞一。

《震泽纪善录》。王蘋。

《同里先哲记》一卷。吴骥。

《续同里先哲志》。章梦易。

《松陵耆旧传》四卷。史元。

《松陵献集》十五卷。潘柽章。

《江震人物志》。钱云。

《松陵耆旧集》。顾我钧。

《青毡杂志》一卷、《吴中先贤图像小传》四册。文柟。

《交游籍》一卷。郑敷教。

《微显志》。萧翀。

《长元节孝祠志》。汪缙。

《百贤图传》二册。谢希曾。

《吴中百老图》四册。金东屏。

《苏州明贤画像目录》。画像创自王世贞,凡百有十人。本朝陆子灿补遗,张永晖重摹,彭绍升为目录、跋尾,凡一百八十三人。

陆续、顾谭、陆机、顾和别传各一卷。

《杜东原先生年谱》一卷。沈周。

《襄毅公传志》一卷。韩雍。

《兵部覆奏韩襄毅功次》一卷。

《叶盛行实》一卷。

《徐侍郎行实》一卷。徐恪。

《温州府君遗事》一卷。文徵明。

《姚文毅公年谱》。杨绳武叙。

《仁孝先生事略附录》一卷。彭定求。

《汪来虞先生年谱》一卷。汪琬。

《周吏部年谱》一卷。殷献臣。

《湛持府君行状》。文震亨。

《姜垛自撰年谱》一卷。

《姜实节年谱续编》一卷、《姜晟自撰年谱》一卷。

《吴释传》一卷。刘凤。

《吴都法乘》十二卷。周永年。

政　书

《海防考》。刘畿。

《筹海图编》三十卷。郑若曾。

《海防志》八卷。王圻。

《防海》一篇。惠士奇。

《海运考》。见《绛云楼书目》。

《平倭志》。朱良知。

《武略集》二卷。周大章。

《吴淞甲乙倭变志》二卷。张鼐。

《水利书》。见王圻《续通考》,范仲淹。

《吴门水利》四卷。郏亶,太仓人。

《吴中水利书》。单锷,宜兴人。

《水利》。潘应武,元人。

《三吴水利考》十卷。见《焦志》,撰人未详。

《治水奏议》。夏原吉。

《水利集》。陆容,太仓人。

《水利》一卷。钱仁夫。

《述水利事宜》。陈九畴。

《水利书》一卷。杨舫。

《东南水利通考》。王同祖。

《修举三吴水利考》四卷。许应逵。

《三吴水利论》一卷。伍余福。

《三吴水考》十六卷。怀安林应训,皇甫汸序。

《三吴水利便览》一卷。童时明。

《三吴水利考》一册。苏松兵备王道行。

《吴江水利考》四卷。《提要》五卷,沈啓。

《三吴水利录》四卷。归有光。

《东吴水利考》十卷、《吴淞江议》十卷。王圻。

《东吴水利》。见管《志》,金澄。

《常熟水利全书》十二卷、《附录》二卷。耿橘。

《常熟水论》一卷。薛尚质。

《三吴水利考》。姜鸿绪。

《三吴水利论》三篇。张应武。

《三吴水考》十六卷。张内蕴、周大韶同撰。

《水利节略》。周大韶。

《水利图考》。金松。

《吴中水利通志》十七卷。《采遗书目》云:末署嘉靖甲申锡山安周活字铜板刊行,不著撰人。

《吴中水利全书》二十四卷。陈仁锡。

《水利续议》。曹允儒。

《吴中水利全书》二十八卷。张国维。

《三吴水利》三卷。钱中谐。

《全吴水略》四册。见《百岁堂书目》。

《全吴水略》七卷。华亭吴韵。

《东南水利》八卷。沈恺曾。

《三吴水利议》。钱嘏。

《三吴均役全书》四卷、《江南平役疏稿》一卷。徐民式。

《苏州府田赋册》。见《绛云楼书目》。

《吴中田赋录》五卷。王仪。

《赋役新书》。袁黄。

《苏松田赋备考》。周象明。

《苏松浮赋考》。王闻炳。

《万历长吴二县钱粮册》一卷。

《长洲县清查全书》六卷、《吴江县履亩清册》。霍维华。

《苏松历代财赋考》一册。

《救荒事宜》二卷。周孔教。

《长洲县救荒全书》八卷。

《浒墅关志》十六卷。张裕。

《浒墅关志》二十卷。孙佩。

奏　议

《四瑞表》。陈省华。

《敏节公奏议》。常安民。

《常谏议长洲政事录》一卷。见《宋志》。

《罗点奏议》二十三卷。

《正肃公奏议》二十卷。王遂。

《蛟峰奏札》一卷。方逢辰。

《抚吴疏略》八卷、《遗爱录》一卷。周忱。

《治吴疏稿》。林鹗。

《抚吴纪》。李秉。

《全吴学政录》。戴珊。

《从吾奏议》五卷。彭韶。

《琴堂奏草》一卷。杨子器。

《静斋奏议》十卷。陈凤梧。

《山海漫谈》三卷、《附录》二卷。任环。

《守令懿范》四卷。蔡国熙。

《周中丞疏稿》十八卷、《抚吴公移》四卷。周孔教。

《抚吴疏草》。张国维。

《闽吴疏草》《保障东南稿》。路振飞。

《按吴纪实》。祁彪佳。

《抚吴蠲荒奏议》。黄希宪。

《平倭四疏》三卷。章焕。

谱　牒

《扬州谱钞》五卷。见《隋志》。

《暨氏家传》一卷。见《唐志》。

《陆氏世颂》。《三国志》注引。

《陆史》十五卷。陆煦。

《陆氏英贤征记》二卷。陆师儒。

《吴郡陆氏宗系谱》一卷。陆景献。

《顾氏谱传》十卷。顾野王。

《顾氏族谱》。顾长佩,昆山人,吴伟业序。

《顾氏谱略》二卷。顾炎武。

《宗牒补遗》。范从文。

《相韩后谱》。韩奕自序。

《族谱》一卷。叶盛。

《叶氏流芳录》二卷。叶初春。

《奕世增光录》八卷。魏校。

《衡山新谱》。文林。

《文氏献光录》三卷。见尤《志》。

《雁门家乘》四册。文柟。

《文氏族谱》一册。文点。

《吴中文氏家藏集》六卷、《文氏家谱续集》。文含。

《陈氏族谱》。陈理。

《松陵沈氏族谱》。沈岱。

《世谱》二卷。见尤《志》,归有光。

《言子家乘》。言顺孙。

《寒山赵氏宗统》四卷。见尤《志》,赵宦光。

《冯氏族谱》四卷。冯复京。

《张氏家谱》七卷。张大复。

《张氏一家言》十册。张士琦。

《长洲袁氏世谱》。

《清乔前后集》。姚希孟。

《钱氏家乘续集》。钱世扬。

《海虞钱氏家谱》八卷。

《蒋氏家乘》。蒋镶。

《任姓家乘》。任良辅。

《惠氏宗谱》十卷。惠时英,范允临序。

《扶风惠氏世谱》二卷。惠周惕。

《王氏族谱》。王梦鼎。

《许氏考证编》。许元溥。

《甫里高阳家乘》十卷。许之先,甫里人。

《吴中盛氏家乘》七卷。盛应期。

《周氏家谱》。周永肩。

《沈氏家刻》。沈浚,甫里人,后更名浣先。

《徐氏家谱》。徐枋。

《家乘识小录》四卷。徐晟。

《续修徐氏家乘》一卷。徐遵。

《郁氏家谱》。郁滋。

《汪氏族谱》。汪琬。

《栖李吴氏家乘》。李炳凤。

《惇行汇编》。宋广业。

《长洲宋氏族谱》九卷。宋成业。

《彭氏宗谱》。彭启丰。

《吴中世家碑志》八册。

诗　文

《苏州古迹诗》三卷。一云《追昔游诗》,李绅。

《姑苏百题诗》三卷、《姑苏好》十章。杨备。

《会稽掇英集》二十卷。《宋志总集》,程师孟。

《同年酬唱诗》。袁说友、张体仁等十二人,范成大序。郡学有石刻。

《苏州名贤杂咏》一卷。见《宋志》。

《平江论》。李光。

《吴都文粹》十卷。郑虎臣。

《续吴都文粹》六十卷。《提要》五十六卷,补遗一卷,钱榖。

《姑苏杂咏》二卷。尤《志》:《姑苏百咏》。高启。

《续姑苏杂咏》一卷。周南老。

《金兰集》四集。徐达左辑友朋题耕渔轩及赠答诗,轩在光福山中,王行序。

《吴中古迹诗》二卷、《姑苏杂咏》一卷。王宾。

《姑苏集》。杜嗣昌。

《今雨瑶华》一卷。岳岱。

《吴中八吟》。祝允明。

《吴中金石新编》八卷。通判陈暐采录，吴县令邝璠编。

《和高季迪吴中百咏》。钱仁夫。

《吴社编》一卷。王穉登。

《枫叶社诗选》一卷。潘一桂。

《华山纪胜集》一卷。熊开元。

《吴郡艺文志》。周永年。

《吴越诗选》。朱士稚，山阴人。

《姑苏杨柳枝词》一卷。汪琬。

《江南游草》。李继白，河南临漳人。

《笺注姑苏杨柳枝词》一卷。周靖。

《入吴集》一卷。王士桢。

《拙政园集》一卷。王献臣。

《查山探梅倡和诗》一卷。张士俊，元和人。

《具区百咏》。蔡昇。

《洞庭清气集》。吴思政。

《续洞庭清气集》二卷。孔贞符。

《两山风雅》。吴时德、秦嘉铨同撰。

《东山诗纪》。叶树莲。

《金庭合刻》十二册。凌启蒙。

《七十二峰足征集》。吴庄。

《太湖诗话》。吴庄。

《洞庭吴氏家集》四册。共十五人。

《洞庭纪胜集》。蔡旅平。

《虎丘山赋》。谢举。

《虎丘真娘墓诗》一卷。刘禹锡以下三十三人。

《虎丘诗刻》。梅询。

《虎丘倡和诗》一卷。蒲宗孟,朱长文题辞。

《虎丘山赋》。张庆之。

《虎丘诗集》一卷。王宾。

《虎丘志总集》一卷。刘辉,孝感人,长洲令,成化丙午修刻。

《石湖文略》。卢襄。

《昆山杂咏》三卷、《续编》一卷。龚昱,范之柔序。

《昆山杂咏》《昆山倡和集》。王纶。

《玉山名胜集》十卷。《提要》八卷、《外集》一卷。《草堂雅集》十三卷。《玉山纪游》一卷。此三种皆玉山交游杨维桢等四十余人之诗。袁华编。

《玉山草堂集》八卷。《玉山饯别寄赠诗》一卷。顾阿瑛。

《昆山杂咏》二十八卷。俞允文。

《玉峰诗纂》六卷。周复俊。

《梅花草堂集》十四卷。张大复。

《张氏诗文录》。张经畬。

《虞山纪游诗》一卷。皇甫冲。

《古虞文录》二卷、《文章表录》一卷。杨仪。

《海虞文苑》二十四卷。张应遴。

《虞乡三赋》一卷。丁奉。

《海虞古今文苑》。毛晋。

《怀旧集》二卷。冯舒。

《虞山诗约》。陆贻典。

《虞山人文前后集》。谢元阳。

《松陵集》十卷。皮日休同陆龟蒙。

《松江集》一卷、《增补松陵诗集》。石处道。

《松江续集》。范成大。

《松陵续集》。朱良实。

《松南渔唱集》。林大同。

《松陵先哲咏》。周永年。

《松陵文征》二十八卷。朱鹤龄。

《松陵文起》。顾有孝。

《鲈乡汇咏》。张拱乾同顾有孝撰。

《吴江竹枝词》。蒋自远同沈自南撰。

《松陵诗乘》。周安。

《吴江诗略》十卷。董二酉同顾有孝撰。

《松陵文粹》。周嵚。

《松陵诗约》。张世炜。

《笠泽文钞》四十四卷。《吴江诗粹》十册。周延谔。

《松陵诗征》。袁景辂。

《松陵诗征续编》。殷增。

《松陵诗征前编》。殷增。

《沈氏诗录》。沈彤。

杂 著

《吴中圣贤冢墓记》一卷。李舟。

《苏州冢墓记》。见《御览》。

《吴下冢墓遗文》三卷。都穆。

《吴越会粹》一卷。见《宋史》。

《吴中故语》一卷。《苏谈》一卷。杨循吉。

《震泽长语》二卷。王鏊。

《吴风录》。黄省曾。

《吴下田家志》。陆咏。

《吴音奇字》四卷。孙楼。

《吴郡丛谈》。顾有孝。

《三吴藿语》四卷。汤传枳,字子音,长洲人。

《娄渚丛言》。曹允儒。

《虞山纪游》。孙柚。

《吴江应用》二十卷。林鼎。

《垂虹诗话》一卷。见《宋志》。

《吴江忠告》一篇。胡舜申。

《松陵渔具图》。柳楹,字安叟,东海人,乾道元年知吴江。曾几序。

《虎丘茶经注》一卷。陈鉴,字子明,南越人。

《吴中花品》一卷。李英,赵郡人。

《范村梅菊谱》二卷。范成大。

《吴蕈谱》一卷。吴林,号息园,长洲人。

《沧浪亭志》一卷。

《香草垞前后志》。文震亨。

《吴郡丹青志》一卷。王穉登。

《沧浪小志》二卷。宋荦。

《西城风俗记》。金人瑞。

《甫里识余》。顾炜。

《太湖渔风》。《太湖剩言》。吴庄。

《吴门轶记》。《吴门轶事》。钱思元。

《句吴俚语考》二卷。费卿庭。

《吴语》。戴延年。

《姑苏城图》。傅椿。

（辑自《道光苏州府志》卷一百二十八《艺文七》）

旧志书目 ¹

宋龚明之:《中吴纪闻》六卷。《四库书目》云:是书采吴中故老嘉言懿行及其风土人文,为新旧图经、范成大《吴郡志》所不载者,仿范纯仁《东斋纪事》、苏轼《志林》之体编次成帙,书成于淳熙九年。

元杨谦:《昆山州志》六卷。《传是楼书目》作"二十二卷"。按,鳌《志》作《昆山郡志》,《府志》作二十三卷,注云"今仅存六卷"。流寓。

明殷奎:《昆山志》八卷、《苏州志》、《兖州志》、《咸阳志》、《关中名胜集》、《关陕图经》。一作"陕西"。

秦约:《崇明志》。

卢熊:《兖州府志》、《吴郡广记》五十卷。《昆新志》云即《苏州府志》,旧志两载,误。

陈伸:《太仓事迹考》、按,鳌《志》无"考"字。《琴川新志》。

张洪:《琴川志》、《使缅甸录》、《南夷书》、《四库存目》云:是编乃永乐四年,缅甸宣慰使那罗搭劫杀孟养宣慰使刁查及思粲发而据其地,洪时为行人,赍敕往谕,因采摭见闻记其梗概。《日本志补遗》。按,鳌《志》作"补遗志"。

高宗本:《扬州府志》十卷。

陆容:《太仓志稿》。按,鳌《志》作《太仓州志》。

桑悦:《太仓州志》十一卷。

---

¹ 标题为笔者所加。

周广:《嘉靖江西通志》三十七卷。林廷棉同辑《四库存目》云:是编乃嘉靖中,廷棉官江西布政使参政、广官按察使副使所作,凡《藩省志》三卷、《诸府志》三十四卷,《藩省志》分十二门,《诸府志》分二十七门,体例略同。他志惟奸宄一门仿诸史奸臣、酷吏传例,以示鉴戒,独为小异。

龚持宪:《太仓考》。

周复俊:《马鞍山志》。

张寅:《太仓州志》。

顾存仁:《居庸关志》《居庸外编》。据《天一阁书目》。

周锡:《凤林备采》。徐爌序略,书凡二卷,首风俗,终杂志,而方域、户赋、宫庙、川梁、天文、地理、人事之记粲然陈焉。

王世懋:《饶南九三郡图说》、《四库存目》云:是编乃其官分守九江道时所作。三郡者,一饶州,二南康,三九江,皆所隶也。凡地之冲僻,俗之浇淳,民之利病,皆撮举其大端,而不以山川、古迹、登临题咏为重,盖犹有古舆图之遗法。《闽部疏》、《四库存目》云:是书记闽中诸郡风土、岁时及山川、鸟兽、草木之属,亦地志之支流。盖世懋曾官福建提学副使,记其身所阅历者也。整《志》作"阁部疏",误。《名山游记》。《四库存目》云:是编一曰京口游山记,分上、下二篇;一曰游匡庐山记;一曰东游记;一曰游二泉记;一曰游鼓山记;一曰游石竹山记;一曰游九鲤湖记,而附以游溧阳彭氏园记,末有世懋跋一篇,盖为鼓山以下三记作,后合刻诸记,仍以缀于末也。

赵宦光:《寒山志》。

王志坚:《苏州府志稿》十四册、《昆山人物略》。

王在晋:《越镌》《历代山陵考》。依《四库存目》补。

姚廷法:《太仓州志稿》八卷。

吴震元:《舆地通考辨误》《水经广注》《吴头楚尾录》。

张采:《太仓州志》十五卷。

盛敬:《形胜要略》。

陆世仪:《山河两戒图说》《娄江图说》。

顾梦麟:《双凤里志》六卷。

费参:《直塘志》。

释戒显:《云居山志》。按,戒显即明诸生王瀚,鼎革后归释。方外。

清顾士琏:《新刘河志》一卷、《娄江志》二卷。《四库存目》云:先是顺治十二年,娄江塞,水无所归,太仓知州白登明开凿朱泾旧迹而水以安,州人名之曰新刘河,以娄江旧名刘河也。士琏实佐是役,故辑其始末,为志一卷。康熙辛亥,再浚刘河之淤,仍以士琏任其事。工既竣,乃复辑《娄江志》二卷,上卷叙新迹,下卷考旧迹,而以郏亶、郏侨诸人治水之书附焉。《新刘河志》其稿本出登明,士琏重辑之。《娄江志》则士琏所自辑,以其循登明之法而成功,故亦题曰登明定,示不忘其所自也。

王挺:《太仓文献志》。

曹炜:《太仓事迹考》、《志余别存》、《沙溪里志》十卷。

朱汝砺:《太仓州志稿》。

黄与坚:《太仓州志稿》二十卷。

顾湄:《重编双凤里志》、唐孙华序。《虎丘山志》、《重修虎丘山志》十卷。

余天倬:《太仓州儒学志》。

陈陆溥:《县志辨疑》。

范本仁:《直水志》。

顾成志:《邑乘小识》二卷。有自序。

顾张思:《太仓土风录》十八卷。

陈士彣:《太仓直隶州志备采》。

曹家珍:《续沙溪志》。

时宝臣:《双凤里续志》《直塘里志》。

冯恒:《璜泾志略》。

钱宝琛:《壬癸人物志稿》。

沈嘉澍:《校订曲阜县志》一卷。

以上地志。

（辑自《宣统太仓州志》卷二十五《艺文》）

苏州旧志刊误四种

府志刊误雅《志》[1]

田　赋

《日知录》"官田始末"一条"所置平章太尉等田","等田","田"字误,原文作"官"。

物　产

鲥鱼,吴俗常馔。

按,《山海经》:乐游之山,桃水多鲥鱼,似蛇而四足。此物岂堪入供? 又按,《本草》:鲩音患鱼,一名草鱼,因其食草也,江湖畜鱼者以草饲之,其形长、身圆、肉厚而松,状类鲭鱼,有青、白二种,常馔。疑即此,以鲩为鲥,音之讹耳。

1　《吴门补乘》云:"府志,乾隆十三年修,继卢腾龙本之后,时知府为雅尔哈善,俗称雅志。"《乾隆苏州府志》80卷首1卷,清雅尔哈善、傅椿修,习寯、王峻等纂。雅尔哈善,字蔚文,满洲正红旗翻译,举人。乾隆七年八月任,九年七月升福建汀漳道。椿,字毅庵,满洲镶黄旗监生。乾隆十年五月由淮安知府调任,十二年十二月升苏松巡道。寯,字载展,号谧斋,清吴县(今苏州市)人。康熙五十七年(1718)进士,雍正四年(1726)督学湖南,迁侍讲、侍读学士、少詹事等职。峻(1644—1751),字艮斋,江苏常熟人。雍正二年进士,改翰林院庶吉士,散馆授编修。曾任浙、云、贵乡试副、正考官,江西道监察御史。精地理之学。著有《水经广注》《汉书正误》《艮斋诗文集》等。

舜歌麦

"歌"当作"哥"。《菽园杂记》:舜哥麦,其穟无芒,熟时遥望之,焦黑若火燎,云是舜后母炒熟令其播种,天祐之而生,故名。

薄苛

"荷"误作"苛"。

公 署

"长洲县署"一条,"正德元年,丞黄本正署县事,白知府况钟改建县署。""正德"当作"正统"。

按,况公以宣德七年守郡,正统十年卒官,若作正德元年,则公卒已历六十一年之久矣。且本文下接弘治云云,岂有先正德而后弘治者耶? 县志亦误。"黄"或作"王"。

学 校

长洲学,以福宁废寺地迁而新之,即今所也。

"福宁"当作"万寿"。按,二十五卷寺观部,元和县万寿废寺改为长洲学,今又作福宁寺改造,彼此互异。又按,万寿寺,崇宁中诏加崇宁,寻改天宁,疑以所加崇宁、天宁之名,遂误作福宁耳。徐显卿《文星阁记》亦沿"福宁"之名。试问名果有本,昉于何代?

坛 庙

明孝子邓汝甫

按,《人物传》作"汝南",本《陈文庄公集》。此作"汝甫",误。《元和志·坛祠》亦误,当改正。

古　迹

唐陆龟蒙《馆娃怀古》第一首

按,此诗《避暑录》以为皮日休作。王鏊《姑苏志》载"梅都官园"引《祝樜野录》云:圣俞晚年谢事,卜筑沧浪亭之旁,与子美为邻。《雅志》同。

按,《居易录》:欧阳文忠作圣俞墓志及集序,初无晚年卜居苏州之文。其卒在京师,亦未尝谢事也。小说之妄如此,王文恪顾取之,何也? 又按,卢熊《志》引《祝樜野录》作"梅挚寓居",其说近是。今其南梅家桥,梅姓尚多。锜按:卢《志》引《野录》仍作圣俞,想阮亭先生未见原书耳。

职　官随时札记,不复诠次,下并同。

汉太守萧冰。本卢、王二志。

按,《新唐书·宰相世系表》:萧何十一世孙冰为吴郡太守,与此合。又按,《南齐书·高祖纪》,"冰"作"永",与此异。"冰"与"永"字形相类,未知孰是?

唐都督李世嘉。本卢、王二志。

按,《新唐书·宰相表》作李嘉。

唐刺史李昌。本卢、王二志。

按,《新唐书·宗室表》曹王房李昌,未仕。

唐刺史李颛,兴圣皇帝之后,武阳房。本卢、王二志。

按,《新唐书·宰相表》颛乃姑臧房,非武阳房。为苏州录事,未尝任刺史。

唐刺史崔斌。本卢、王二志。

按,《新唐书·宰相表》,斌乃苏州长史,未任刺史。

元总管周仁以至正九年任,高履以十年任。周仁,卢、王二志无。

按,此则周在任仅一年。而郑元祐撰《周侯修学碑记》所云"丙申岁",实至正十六年至十九年冬始擢江浙省郎中去,郑与周同时,必无讹,但未详初任岁月耳。雅《志》失考。又按,慕《志》,高以至元十年任,亦误。盖至元止六年,无十年也。

汉太守颜驷、任延。

按,此二人,卢《志》别列入都尉。雅《志》搀入太守,非是。

明苏州府同知王昼,陕西鄜人。

按,《陕西通志》作朝邑人。

宋长洲知县虞宾,山阴人,累迁比部员外郎。本卢《志》"名宦"。

按,《余姚县志》作余姚人,官至翰林承旨。

宋长洲令石瑆、石莹中,瑆列祝拱卿前,莹中列何九龄前。本王《志》。

按,宋米友仁《茂苑堂记》"长洲令尹石瑆莹中"。又按,雅《志》"吴县知县石瑆字莹中"。是明明一人也,今乃分名与字为二人,前后矛盾。《长洲志》亦沿其误。

宋吴县知县章樵,临安人。

按,《杭州志》作昌化人。

后汉吴令彭修。本王《志》。

"修"亦作"循"。按,《省志辨讹》:彭修见《后汉书·独行传》,彭循见张勃《吴录》。其姓字爵里并同,但名互异。《汉书》云:"郡言州请修守吴令。"《吴录》云:"太守闻循勇,谋以守令。""谋"应即"请"字之讹,守令盖摄令也,语皆相符,当是一人。

明吴县知县樊瑾,进贤人,以忧去。王《志》未注忧去。

按,瑾乃南昌人。《南昌县志》云"知吴县,改绩溪",亦非忧去。

宋知州吴伯举,崇宁元年入为起居郎。本卢、王二志。

按，方勺《泊宅编》：伯举知苏州日，谒告归龙泉，迁葬母夫人，颇悔之。后竟卒于姑苏，未尝入为起居郎也。又按，《壁记》作"崇宁元年六月到"。

明洪武中，知府自何质至姚善，凡三十三人。 本王《志》。

《明诗综》作三十人。又志"何质"，《明诗综》作"何异"；又志"黄文"，《明诗综》作"王文"；又志"金纲之，字失载"，《明诗综》"字子尚"。

明权摄知府王敬

《姑苏志》作任敬。

汉太守陈瑀，建安初以安东将军行郡事。

按，《后汉书·陈球传》："瑀，吴郡太守。"又按，谢承书曰："永汉元年，就拜议郎，迁吴郡太守，不之官。""永汉"与"建安"相去远甚，且不之官。志误。"永汉"，卢《志》误作"光汉"，王《志》改作"光和"。

梁太守王规，中大通二年为吴郡太守。

按，《南史》本传：规任吴郡，未详年分。就上文"晋安王立为太子"句推之，则规任当在中大通三年，盖《梁高祖本纪》立太子乃在三年也。雅《志》本卢《志》作"二年"，误。王《志》作"大通中"。

宋齐太守张环

"瑰"误作"环"。按，《南史》：张瑰，字祖逸。卢《志》本此。雅《志》乃沿王《志》之误，当改正。

汉太守尹兴，注详吴县《陆绩传》。

按，"绩"当作"续"。

国朝府学教授吴世恒，无为州人。

按，《菁溪陆氏家谱》：世恒，本姓陆，举人，榜姓吴，无为籍长洲人。

齐太守江敦

按，"敦"字误。卢、王二志俱作"敤"。

明知府李廷美，以本府同知升任。

按，陈暐《金石新编》：成化丙辰陆钺《府学记》"贰守毛廷美"，此作"李"，误。

国朝总捕同知何图、吴县知县何圆。

按，河图，字书源，旗人，以本府总捕同知署吴县知县。今作何图，上一字误。又作何圆，下一字亦误。且何图、何圆均与其字书源之义不合。

元总管王椿。王、慕二志俱无。

《学校门》又作"王椿年"，互异。

明知府金城

未注莅任年分，列林懋举之前。按，林以嘉靖二十二年任，而金自撰《府学徂徕堂记》乃在嘉靖二十八年，则金当编林后。

元总管张忙古歹，至正三年任；道童，后至元二年任；和则平，后至元四年任。

按，《历代编年录》："后至元""至正"皆元惠宗年号，而"至正"在后，"后至元"在前，张忙古歹不当编和则平之前。后校王《志》，张以至顺三年任。至顺为文宗年号，又在后至元之前，始知前后之所以颠倒者，由"至顺"误作"至正"耳，当从王《志》改正。

明洪武中，同知萧鹏举。《名宦传》本王《志》。

按，《明诗综》："萧翀，字鹏举，泰和人，洪武中苏州府同知。"今作"鹏举"，是以字为名矣。

宋知州周宝

按，"宝"，卢《志》"牧守题名"作"寔"，王《志》"守令表"同。慕《志》作"实"，当从卢、王二志改正。

宋知州蔡嵒。本卢《志》。

按，"嵒"，亦作"峦"，字子高。周美成在姑苏，曾饮于衙斋。见王灼《碧鸡漫志》。

元吴县教谕于文传

按，"文传"姓"干"，非姓"于"，见五十一卷《吴县人物》，又三十六卷《选举》。

明长洲教谕吴司玉。新旧县志同。

按，郭庸《重修长洲儒学碑记》作"可玉"，此作"司玉"，误。又按，《碑记》洪武元年任，此未注莅任年分。

明长洲教谕魏任杰。新旧县志同。

按，《长洲县学碑记》作"仕杰"，此作"任杰"，误。

明长洲训导郦常。新旧县志同。

按，郭庸《重修长洲儒学碑记》作"恒"，此作"常"，误。又按，《碑记》，时为洪武元年，与教谕吴可玉、训导边节同时，志未注莅任年分，失考。

明长洲知县宋敏文。本王《志》。

按，《名宦》又作"文敏"，前后互异。又按，慕《志》及康熙中《长洲志》俱作"文敏"。

明长洲知县郭庸。未注莅任年分，列永乐五年周伯陵之后。

按，郭庸《重修儒学记》系洪武元年立石，其时郭已知县事，自应编洪武初宋文敏之前，今编永乐初周伯陵之后，失考。

晋吴令谢询，元康三年任。

按，卢《志》"名宦传"作"元康中任"，王《志》同。本孙盛《晋阳秋》。此作"三年"，杜撰。牛若麟《吴县志》作"宋元嘉三年"，尤谬。详见后。

选 举

唐张诚，中第年分无考。本卢《志》。

按，白居易《张诚墓志》"年十八，以通经中第，于大历三年卒，年五十五" 计，诚中第当在开元十八年庚午科，志失考。又按，诚父无择亦登第。年分无考。志《选举类》失载，只载诚子平叔锜。按，《府志》《吴县志》"唐制科" 有 "张泽"，疑即 "无择" 之误。

宋吴县进士李益璋孙

按，卢、王、牛三志俱作 "瑀孙"。

明崇祯壬午科举人李楷，字蓉山。

按，《太仓志》"字仲木"。

明万历十年吴县举人马荩臣。

《具区志》作 "沈荩臣"。

明万历四年吴县举人蒋惟忠，济阳知县。

按，《具区志》：蔡惟忠，字士良，洞庭山人，沂州知州。

明嘉靖十三年吴县举人陆鹄，其字未载。**高要知县。**

按，《具区志》：鹄字斯立，江西高安知县。

人 物

后汉高岱，吴郡人。本《吴录》。

按，《后汉书·文苑传》："高彪，吴郡无锡人。子岱，亦知名。" 是高岱为无锡人。雅《志》以《吴录》泛言吴郡人，编入苏州人物，失考。王《志》亦误。

隋《褚辉传》："徽博辩，无能屈者。"

"徽" 当作 "辉"。《南史》作 "烨"，王《志》作 "晖"。

唐"朱佐日"条，武后问："'白日依山尽，黄河入海流'诗是谁作？"李峤对曰："御史朱佐日诗也。"本王《志》。

按，此乃王之涣《登鹳雀楼》诗也，《全唐诗话》及《辑选唐诗》诸集可考。即《纪事诗》亦不载佐日名氏。张昶《人物志》引《翰林盛事》，竟以为佐日作。雅《志》遂沿其误。吴县新志亦误。

唐沈传师，字子贤。

"贤"字误。按《唐书本传》"字子言"，卢、王二志同。

明长洲"顾九思"条"隆荐辛未进士"，"荐"当作"庆"。"朱绂"条"必靳一当"，"靳"当作"蕲"。"文震孟"条"首撰冢辛"，"辛"当作"宰"。"王佐圣"条"土司先经佐圣训谏"，"谏"当作"练"。"国朝吴愉"条"授徙数十辈"，"徙"当作"徒"。

宋徐葳。王、慕二志同。

"葳"，卢《志》作"藏"，牛、姜二志同，当改正。

宋朱梦炎，字明叔，良五世孙。引卢《志》。

按，卢《志》原本"良"作"长文"，雅《志》沿王《志》之误，未就原本校正耳。

艺 术

刘宋褚嗣，棋入高品。

按，《南史·羊玄保传》作"褚胤"，王《志》同，此作"嗣"，误。

席谦善棋，下引杜诗云"席谦不见近弹棋"。《姑苏志·杂伎》。

《居易录》云："是亦讹'弹棋'为奕也，何怪今人沿袭之误？"又按，《居易录》引《西京杂记》云"成帝好蹴踘，群臣以为劳体，非至尊所宜。刘向作弹棋以献"，又引《博物志》云"魏文帝善弹棋，能用手巾角。时有书生，又能低头以所冠著葛巾角撇棋"。故李义山诗云："玉作弹棋局，中心最不平。"此与奕棋有何干涉？

列　女

吴孙奇妻,名姬,配奇一年而姬亡。

"姬亡",刘向《列女传》作"奇亡"。

明史云翔妻黄氏。

吴县无传,长洲有传,两见。

长洲许字张应奎沈氏女。

前有传,后无传,两见。

长洲章昆妻李氏。

"章",县志作"张"。

长洲徐泓妻钱氏。

"泓",县志作"泓如"。

国朝龚汝秩妻徐氏。

长洲未旌,元和已旌,两见。

国朝陈兆嘉妻蒋氏。

吴县未旌,元和已旌,两见。

二　氏

晋陆修静,郡人,谥简寂先生。引王《志》。

按,《莲社高贤传》及《良常仙系记》俱作吴兴东迁人,王《志》误。又按,宋濂《匡庐结社图跋》云:"或疑修静与远公不同时者,盖晋有两修静,此正世称简寂先生者也。"

赵宋《邓道枢传》:"得上官氏废圃于城东栖息所,名会道观。"

"栖息所"三字上脱"为"字。

"元莫起炎"条《宋理宗赐德书诗赞》。尝书钱壁言于门。

"德"当作"宸"。"钱"当作"铁"。邹铁壁,建昌黄冠起炎师也。

"元步宗浩"条"从张雷所于玄妙观"。

"所"当作"师"。以上三条皆王《志》原文之误,雅《志》未订正。

艺 文

元诗人《宋无集》下又列朱名世,字希贤,《鲸背吟》。

按,《续弘简录》:"无,字子虚,幼冒姓朱,旧以晞颜亦作希贤。字行。"曹学佺《十二代诗选》载朱晞颜《鲸背吟》,即无作。然则雅《志》分作两人者,误也,殆未知子虚曾冒朱姓,本一人耳。

明王铭,字秉之,撰《梦草集》四卷。

按,《家谱》,此书乃鏊之弟名铨字秉之者作,非铭作也。又按,"铭"为鏊之兄,字警之。

赵宧光

宧光,太仓人,宜入《艺文门·流寓类》。

明吴信,东洞庭山人。

按,信乃武山人。

孔贞符《续洞庭清气集》。

"贞父"误作"贞符"。

明武山人孔闻徵。

"闻徵",《太湖备考》作"文徵"。

唐陆淳撰《春秋集注》《春秋纂例》《春秋微旨》《春秋辨疑》《类礼》。

按,《新唐书·艺文志》:五书乃陆质撰,且李唐时吴中陆氏并无名淳者。

明祝允明《怀里堂集》。

按,"怀里",《四库书目》作"怀星"。

国朝顾蔼《隶辨》。

按，《隶辨》乃顾蔼吉著，脱"吉"字。

明朱良知《化异录》。

按，"化异"，《具区志》作"纪异"。

明祝允明《畅武集》。

按，"畅武"，《明诗综》作"畅哉"，当改正。

明王志坚《香严诗草》。昆山人，长洲流寓。

当作《香岩室草》，见《明诗综》。

"山川类"明沈律《邓尉志》。

按，沈以潜子，名津，字润卿，已见前。有《忠武录》等书。此作"律"，误。

明文肇祉，字圣基。

"圣基"当作"基圣"。

国朝顾嗣立《重订范石湖集》三十五卷。

按，《石湖集》乃顾嗣协重订，此作"嗣立"，误。嗣协，字迁客，号楞伽山人，嗣立之兄也。又按，范集，吴县金侃写校宋板本也，凡诗三十三卷，《楚词古赋》一卷，合三十四卷，此作"三十五卷"，误。

"乡镇类"许惟中《吴郡甫里志》。

按，辑此书者乃陈惟中，字尧心，元和人，长洲诸生。其书传本颇多，惟中姓氏彰彰可考，何竟误作"许"耶？

"诗文类"既有王稺登《吴社编》一卷，"杂著类"又有王稺登《吴社》一卷，重出。

"人物传类"杨循吉《吴中往哲记》一卷、《吴中往哲记补遗》四册。

按，循吉只撰正编一卷，其续记一卷、补遗三卷乃黄鲁曾撰，其书至今行世，名曰《吴中往哲两记》，谓君谦得之，两人同撰，故云两记,非君谦一人独撰也。当于"一卷"二字之下增订云"黄鲁曾《吴中往哲续记》一卷、《补遗》三卷"。

"郡县志类"杨循吉《苏州府纂修职略》。

"识"误作"职"。

奏议类"在环"。

"在"当作"任"。环,嘉靖时苏松兵备道,御倭有功。见《名宦传》。

明戴冠《邃谷集》。

按,明有两"戴冠",其一字章甫,长洲人,正统中以贡授绍兴府训导,著《濯缨子集》,见《长洲志》;其一字仲鹖,信阳人,嘉靖二年知苏州府,著《邃谷集》,见《府志·职官门》及《明诗综》。是著《邃谷集》者乃信阳之戴冠,非长洲之戴冠也。

明钱贵《吴越纪余》。

又见下"纪载类",重出。

卷下第四叶明胡梅《元岳草》《闽游草》。梅,字白叔,吴县人。又第十叶胡梅《玉台后咏》《清墅道人诗集》。

此实一人,非有两胡梅也。按,梅,字白叔,自号清墅道人,吴人,幼而秀颖,以狐旦给事徐通政申宅,后为柳如是赋《催妆诗》,钱受之击节,于是诗名籍甚。受之辑入《列朝诗》,讳之曰山人。见《明诗综》。是白叔者,梅之字;清墅道人者,梅之自号,今前既详其字,后又及其自号,其为一人也明矣。况当日诗人未闻有与梅同姓名者,非如王留、王铨之均有两人也。王留,一为常熟人,一为长洲流寓,穉登子,见《艺文》。王铨,一为文恪弟,一为文恪七世孙,见《人物》。编艺文者漫不及考,既以两戴冠并而为一,又以一胡梅分而为两,纰缪殊甚。

明陆金《石里诗诗》。

下"诗"字误。

明吴大江《媲美集》注："同之，字与成。"

"同之"当作"文之"。

国朝沈明抡

"抡"字误，当作"伦"。

"杂著"唐李舟《吴中圣贤冢墓记》。

"舟"字误，当作"丹"。按，《职官》："丹，苏州刺史。"

灾 异

引《后汉书·五行志》三事，为吴王濞灭国之应。"文帝五年大风"以下三条。

按，是时，吴郡称会稽，所言吴乃吴国，即今江都，非苏州也。

唐元和三年秋，浙西旱。

按，闻人诠本《旧唐书·宪纪》："元和三年十二月"下无"四年"，径接"四月至十二月"，此必脱简。苏州旱在十一月，上文册邓王宁为皇太子。按，惠昭之立在四年十月，见本传。则苏州之旱，断是四年无疑。志盖因《旧唐书》之脱简而误作三年也。又《宪纪》：是年，苏、润、常赈米二万石。志"蠲赈类"失载。

"明隆庆十六年、十七年"一条，"二十八年"一条。

按，《明史》：隆庆在位只六年，从元年乙卯推算至十六年庚午，则为万历十年；十七年辛未，则为万历十一年；二十八年壬午，则为万历二十二年，均非隆庆在位之年也。按，慕《志》："隆庆元年"下接"万历元年"不载此两条。雅《志》增入，失考。

杂 记

《类异》三十六叶：吃肉和尚即赵头陀。

按,此本《异林》,而《吴县志》分作两人,未知何本?

《类琐》十九叶:相年有一乞儿。

"年"当作"城"。

吴县志刊误姜《志》¹

建置沿革

杨循吉《建置总论》：汉顺帝永建四年，以阳羡令周嘉上书，乃诏分浙江以西为吴郡，治吴。

按，《吴地记》：汉顺帝从山阴人殷重之说立吴郡，与此异。

山

弹山

上既云"弹山，即小鸡山，土阜也"，下又云："弹山，横亘六七里"，前后矛盾。

支硎山，亦名临硎。《吴都赋》云"右号临硎"。

按，《吴都赋》"左称弯崎，右号临硎"注：弯崎、临硎，阖闾名也。吴后主起昭明宫于太初之东，开弯崎、临硎之门。今志以临硎为支硎山，则弯崎又当何指？且昭明宫在建业，见《金陵记》，

1　即《乾隆吴县志》，全志 120 卷首 1 卷，清姜顺蛟、叶长扬修，施谦纂。顺蛟，字雨飞，直隶（今河北省）大名人，拔贡，乾隆八年三月至十一年六月任吴县知县。长扬（1667—？），字尔祥，一字定湖，吴县人。康熙五十七年（1718）进士，授编修。乾隆元年（1736），应博学鸿词科，被驳未与试。十一年，与顾栋高等至淮安，与纂《淮安府志》。十六年，已 85 岁，与袁枚等会集吴门。谦，字白勖，一字自南，号兰坨，又号紫薇山人，浙江海宁人。诸生，吴县杨绳武门生，工诗文。早岁为查慎行所引重。暮年落拓不羁，阮穷以老。此志乾隆九年正月开馆，至七月完稿，系以牛《志》为基础，由叶、杨（绳武）讨论修饰。此志每卷前皆有立类论述，有些目立颇有新意，如《氏族》卷记载了朱、张、顾、陆等 78 姓之"显荣"经过，为氏族学的研究提供了资料。卷 31《义学》后附有《义学规条》，是研究古代教育的资料。

与吴县无涉。又按字书,支硎之硎,音刑;临硎之硎,同坑,字同
而音异。

水

既有横金港,又有横金溪,重出。

物　产

椐为桌、椅、床、榻最佳。

按,《尔雅·释木》"椐椝"注:"肿节可为杖。"《前汉书·孔光
传》"灵寿杖"注:"木似竹有节,长不过八九尺,围三四寸,自合杖
制,出郴州灵寿山,故名。灵寿杖与今之作器者迥别。"又按,《本
草别录》:"榉树,山中处处有之,皮似檀槐,叶如栎树。《尔雅》谓
之柜柳,作箱案之属甚佳。"则"椐"当作"榉"。吴中出者,名杜榉,
纹理极坚细,他处所不及。

椿有香、臭二种、樗。

按,《唐本草》"椿、樗形相似"。苏颂《图经》:椿叶香,可啖;
樗气臭。故椿俗名香椿,樗俗名臭椿,本二树。今云椿有香、臭二种,
是混樗于椿,而下又别列樗,失考。

兰花笋,出阳山岳园。

按,阳山岳园属长洲境,所产兰花笋,不当入吴县物产。

缁鱼鮰

"缁"当作"鲻","鮰"当作"鲩"。音患。按,字书无"鮰"字,
疑即《府志》之鲔。然《府志》亦误。按,《府志》:"鲔,常馔,四时
俱有。"按,《山海经·乐游之山》"桃水多鲔鱼,似蛇而四足",则
非吴俗常馔之鱼明矣。又按,《本草》:"鲩似鲤,即今吴人常供者。"
是《府志》误以"鲩"为"鲔",此又误以"鲔"为"鮰"。

螘、蚂蚁。

按,《韵会》:螘音舣,与蚁同。郭璞《尔雅·释虫》注:蚁,螘通名也。姜《志》作两物,非。

官　署

"佐杂官厅"一条。

此条在第十三叶,又见第十八叶,重出。

市　镇

浦庄入五六都。

"五六都"当作"七都"。

祠　庙

至德庙,后梁乾化二年,吴越武肃王钱元璙移置今所。

按,元璙乃武肃王之子广陵王,此作"武肃王元璙",是合父子为一人。罗泌《路史》:"元璙官苏州节度使。"

寺　观

清隐庵,在盘门外堰桥南,宋端平间,僧法历建。

此条见十一叶。后十四叶又云:"青松庵,在盘门外堰桥南,旧名清隐,宋端平间,僧法立创。"是一庵重出,特以"历"为"立"耳。

永定寺,梁天监中,苏州刺史顾彦先舍宅建,载《吴地记》。

按,彦先名荣,卒于晋元帝之六年,去梁天监中远甚,且未尝任乡郡。

圆照庵

已见十一叶,又见十四叶,重出。

古 迹

子胥墓梫。

按，县境无子胥墓，安得有墓树？且树梫之说，乃子胥临终愤言，并非实事。

柯城、鹑鹨城。

按，"柯城"即"舸城"，今名黄埭。"鹑鹨"即"章祈"，并属长洲，误入吴县，宜删。

《古迹门》与《第宅门》重出屡见。

梅福隐居、蔡经宅、企鸿轩、范蠡宅、葛洪宅、周隐遥庐、魏信陵宅、易老室凡八条，已见《古迹》，又见《第宅》重出。其中虽间有注明互见之处，究嫌重出。

《古迹》与《园林》亦有重出者。

辟疆园、乐圃、桃花坞凡三条，已见《古迹》，又见《园林》，亦重出。

石湖别业，宋范成大建。《园林门》作"别墅"。

按，范文穆公所建乃石湖别墅，至石湖别业则为前明张献翼之园，非文穆所建也。

冢 墓

明进士蒋德埈墓、贡士蒋维城墓。

二人俱本朝人，误入前明。

明陈僖敏公镒墓。

既见十九叶，又见二十八叶，重出。后条仅云"陈僖敏公"，漏"墓"字。

晋支道林塔。

按,《高僧传》云:"道林还吴,病甚,自刾移余姚坞中,以晋太和元年闰四月四日终于所住,春秋五十有三,即窆于坞中,厥冢存焉。或云移刾,未详。"又《高逸沙门传》云:"支遁终于洛阳。"据此,则不应塔在吴中。

宋晋宁侯徐爰墓、明温州知府文林墓。

徐墓见十五叶,又见二十八叶,重出,且后叶误入前明。文墓见二十叶,又见三十二叶,重出,且后叶误入本朝。

晋石崇墓、潘岳墓。

《广舆记》云:"潘岳墓,在石崇墓西。"志本此,然其说无据。按,崇,清河人;岳,中牟人,俱死于洛阳市,何缘葬吴地? 又按,《洛阳县志》:"石崇墓,在邙山。"

职　官

三国吴县丞殷礼,后仕蜀为零陵太守。

按,是时零陵已属吴,不当云仕蜀,殆因陈寿《吴志》"礼与张温使蜀"句误会?

宋吴县主簿汤思退。本《牛志·宦绩》

按,《宋史》:思退为南渡奸相,不应入宦绩,且志本传无绩可纪,止叙其历仕官阶,甚觉无谓。

刘宋吴令江薇,遹孙。

"薇"当作"徽"。按,《宋书·江秉之传》:"秉之子徽为吴令。""遹孙"当作"遹曾孙"。

明吴县丞胡伯鲸不载里居。

按,"伯鲸"当作"伯谅",南昌人,洪武中,以人才举任吴县丞,见《南昌县志》。

本朝吴县知县蔡益仁以漕项卸事,再任,卒于官。

　　按，《萧山县志》："以吴县知县升宝庆府同知。"又按，雍正六年十二月，巡抚尹继善题参前任吴县时赃款革职。其时，蔡以陈时夏荐，方任宝庆同知。上谕凿凿可据，姜《志》误。

　　刘宋吴令谢询，元嘉三年任。注：汉宣帝有元康年号，宋无。卢、王二志俱作"元康三年"，误。按，卢《志》作"元康中任"，未尝作"三年"，王《志》同。

　　按，孙盛《晋阳秋》"惠帝元康中，吴令谢询"云云，见后八十五卷《冢墓门》，此又作"元嘉"，矛盾。其改卢《志》"元康"作"元嘉"，始于牛《志》。以为晋无元康年号，特未之考耳。按，《统系编》："晋惠帝在位十七年，元康凡九年。"晋何尝无元康年号？姜《志》又以牛《志》"晋无"二字本文，改"晋"为"宋"，以自掩其误。其实何可掩也？当从卢《志》改正。

　　明吴县教谕张体乾，又孙忠顺，右屏人。

　　"乾"，牛《志》、雅《志》俱作"坤"；"右"，牛《志》、雅《志》俱作"石"，当改正。

选　举

　　明嘉靖间贡生陆治。四十七卷"陆治"下

　　按，《府志》陆治下陆□，失名，其后更有陆治，亦是嘉靖岁贡，为陆治之弟。今以失名者误作治，是有两陆治矣。

　　国朝康熙丁酉科副贡余志琦。

　　按，志琦，东洞庭山人，字琢山，姓翁，榜姓佘，与武山吴庄并以诗名。沈文悫公称为东、西二家。

人　物

　　龚程、龚况。六十二卷。

按,《中吴纪闻》:龚宗元,晚年徙居昆山之黄姑。子程、孙况,遂占籍玉峰,混入吴县,非是。

《卓行传》:赵宋陆法真、沈右。六十六卷。**《艺苑传》:明王武。**七十五卷。

按,法真,刘宋人,见《宋书·良吏传》。志入赵宋,误。右,《弘简录》《辍耕录》俱作元人,姜《志》误入宋,雅《志》又误入明。武,本朝人,误入明。

《先贤传》:周言子偓。五十卷。**《名臣传》:唐陆宬。**五十二卷。**宋杨邦弼。**五十三卷。**《文苑传》:唐顾况。**六十一卷。

按,子游,常熟人,吴县无事迹。宬,陕州人。邦弼,震泽流寓。况,史作姑苏人,实为盐官人,盖唐时盐官犹隶苏州。雅《志》"艺文"亦沿其误。

三国陆凯,元张雯、金弘业,明黄暐、王献臣、伊伯熊、伊在庭、金元英、文点。

此九人皆重出。凯见五十一卷第一叶《名臣传》,又见五十五卷第七叶《忠节传》;雯见六十二卷第八叶《文苑传》,又见六十八卷第六叶《隐逸传》;弘业见六十四卷第六叶《武略传》,又见七十一卷第四叶《游侠传》;暐见五十三卷二十一叶《名臣传》,又见六十七卷第六叶《卓行传》;献臣见五十四卷第五叶《名臣传》,又见六十七卷第五叶《卓行传》;伯熊见五十八卷第四叶《循良传》,又见六十七卷第七叶《卓行传》,且前作"伯熊",后又误作"伯龙",其实一人也;在庭事实附见五十四卷第九叶《父敏生传》,又六十七卷第七叶自有传;元英见六十七卷十八叶《卓行传》,又见七十卷第九叶《好义传》,且前既入明代,后又入本朝,互异;点六十二卷二十五叶自有传,又附见六十八卷十二叶《掞传》。凡分类太多,最易重出。姜《志》"人物传"之所以前后重出者，徒以门目繁多耳。史家列传后更分儒林、文翰、忠义、权倖等传，体例綦严。若郡县志，只于人物传后分列孝义一门，雅《志》则统于人物，不复分列，更为简括。今此书自先贤至游侠凡分十三门，以致错出纷纭，前后重复，此体例之不可不慎也。游寓、艺苑、方术不在十三门中。王士禛《居易录》云："《山东通志》修于康熙癸丑，当事既视为具文，秉笔者又卤莽灭裂，不谙掌故人物，其时吴郡顾炎武在局而不一是正，潦草成书，甚可惜也。"吾于此书亦云然。

摘《南史》朱异本传前段，载入《文苑》。 六十三卷。

按，《南史》本传及梁宋昇传，俱以异为吴郡钱唐人，非吴县人，殆为三国时朱异所混耳。

名臣晋顾和传、和子球。 五十一卷。

按，《晋书》本传，和子并无名球者，球乃和之宗人也。本传云："宗人球，亦有令闻。"志失考。又志所引乃本宋顾觊之家传，非《晋书》和传。本文原注《晋书》，误。

名臣齐《陆慧晓传》：字淑明。府参军刘璉。吏曹郎令史。 五十一卷。

"叔"误作"淑"，"琏"误作"璉"，"都"误作"郎"，宜从卢《志》改正。

名臣《陈陆缮》传：拜御中丞。子名慧辨，字敬臣。 五十一卷。

"御"字下漏"史"字，"慧辨"当作"辩慧"，"敬臣"当作"敬仁"，宜从《南史》改正。

名臣宋《郑戬传》：祖延绍。 五十二卷。

姜《志》本王《志》作"绍"，当从《宋史》改作"祐"。

忠节宋《滕褎传》：二子彪、霜俱陷军中。褎弟椅。 五十六卷。

"彪"误作"霜"，"虏"误作"军"，"褘"误作"椅"。彪音褊，霒音彬，裿音绮。

《循良传》"梁陆通"。五十七卷。

按，《北史》，通与逞俱仕魏周，其曾祖载自宋初没入赫连氏，则通不得列吴中人物。逞同。逞见五十一卷。

能吏宋《张永传》"为广陵、南郡二郡太守"。五十九卷。

"南郡"，《南史》作"南沛"，当改正。

儒林汉《皋弘传》"代为寇族""事博士九江朱晋""拜议郎使太子尚书"。六十卷。

"寇"，雅《志》作"冠"，王《志》作"宦"；"晋"，雅《志》作"普"，"使"字下漏"授"字。

文苑梁《陆煦传》"煦杲弟"。六十一卷。

"杲"误作"果"。

隋《潘徽传》"秦孝王俊召为博士，尝从俊朝京""炀帝时为晋扬""杨玄感败，凡所交闻，多罹其害"。六十一卷。

"博士"，《隋书》作"学士"；"京"，《隋书》作"京师"；"晋扬"，《隋书》作"晋王"；"交闻"，《隋书》作"交关"。

唐《陆希声传》"景荣四世孙"。六十一卷。

"荣"，王《志》本《唐书》作"融"。

《文苑传》"宋刘逸少"。六十二卷。

"逸少"，王《志》、雅《志》俱作"少逸"。

宋《许洞传》"祀汾阳，献三盛礼"。六十二卷。

"阳"，王《志》作"阴"；"礼"字下王《志》有"赋"字。王《志》本《宋史》，当从之。

宋沈括，本钱唐人，兄逓徙苏州，括登嘉靖八年进士。六十二卷。

此条沿袭牛《志》所引杜启《人物传》，未及详考《沈氏世系》。按，《临川集》：括之父周，周之弟同，同子扶，扶子逓，则逓乃括之兄子。又按，括《梦溪笔谈》云群从文通。文通者，遘字也，而系以群从，其为兄子无疑。此作兄，误。又云：兄子辽，则知遘与辽皆非括之兄。又括为钱唐人，当从雅《志》入流寓。又"嘉祐"误作"嘉靖"。

宋龚程，宗元子。六十二卷。

按，《中吴纪闻》及《吴郡志》：程祖识，自邵武徙吴，后又徙昆山之黄姑。父宗元，生于吴县，后亦随识徙昆山。至程，则占籍昆山，不当混入吴县。

宋《李璋传》：王安石有诗《送璋应举》云"湖海青衣二十年，尚逋乡赋已华颠"。六十二卷。

此条见《中吴纪闻》。"青衣"当作"声名"，"逋"当作"随"。

本朝《杨无咎传》"凡阴阳配偶之卦，连曰皆相对"。六十卷。

"连山"误作"连曰"。

明《黄鲁曾传》"暐子"。《黄省曾传》注"申凿行世"。六十二卷。

"暐子"当作"暐孙"。按，《宗谱》：暐生异，异生鲁曾、省曾。"鉴"误作"凿"，《申鉴》，书名。

明《徐令传》"魏庄恭简校"。六十三卷。

按，《明史·魏校传》"谥恭简，号庄渠"。此云"魏庄"，漏"渠"字。

孝友宋《张敷传》"世父湛"。六十五卷。

按，《宋书》及《南史》：敷世父乃茂度也，此作"湛"，误。下湛曰湛字，同姜《志》，引王《志》未及细校耳。

元《金道玄传》"挈奴遁去，后以子问累赠至侍读学士"。六十五卷。

"挈"误作"奴"，"问"字下脱"贵"字，当从《续吴先贤赞》改正。

明《颜秀传》"字季粟"。六十五卷。

此条引刘凤《续吴先贤赞》,"琇"误作"秀","栗"误作"粟"。

卓行宋《陈泷传》"海清涧幽"。"陈永,字久所。"六十六卷。

按,宋顾逢,号梅山樵叟;陈泷,号碧涧翁,皆能诗,故有"梅清涧幽"之评。"梅",此作"海",误。"久所"当作"子久"。

明《严德珉传》"延教授李绮与德珉以席"。六十六卷。

"与"当作"饮","以"当作"与"。

《伊浦传》"父悌"。六十六卷。

按,溥乃恒之子、悌之侄,此作父悌,误。

《隐逸传》"齐何求,弟点、胤"。六十八卷。

按,《南史》:求本灊人,来隐武丘,当入流寓。点、胤亦然。

元金可久,字素公。六十八卷。

"久",当从慕《志》作"文",盖其名可文方与字素公之义相符。

明都印。六十八卷。

"印"当作"卬"。

国朝徐枋,文靖公沂子。六十八卷。

按,枋父名汧,此作"沂",误。

明陈植。六十五卷。

按,卢《志》:植为深之子,深生于宋末而殁于元初,则其子当为元人。又按,《四库书目》作元人,姜《志》编入明末杨端孝先生之下,失考。

《隐逸传》:明徐廷相。有《袖庄稿》。六十八卷。

按,此条见《具区志》,"廷相"作"廷柏","袖"作"柚"。

明顾璘。五十九卷。又璘弟璡璪。五十四卷。

按,《明诗综》:璘,先世本吴县人,后徙南京。不言自璘徙也。

璨璨，上元人。又按，《明史》二人本传，亦作上元人，不言先世、原籍，然则两人不应入吴县。

《隐逸传》**汉甪里先生周术。**六十八卷。

按，《史记索隐》以为河内轵人，志当载流寓，不当入人物。又按，《陈留志》称术为泰伯之后。

艺 术

明吴甘泉，失其名。

按，甘泉名玧，湖州人，精于《易》，世居吕山，载《湖州志》及《涌幢小品》。其误入《吴县志》者，盖因吴县、长兴俱有吕山耳。伍余福《莘野纂闻》以为长洲吕山人。按，长洲并无吕山，疑长兴之误。

流 寓

汉梅福，人有见之会稽者，变姓名为吴门市卒。六十九卷，下并同。

按，《分甘余话》亦引《汉书》此条。或云吴门乃洪州，今有镇名吴门，然总非苏州也。

唐张祐

"祜"误作"祐"。

国朝杨宾，父安城，仲弟实。

安城，《府志》作"春华"；"实"，《府志》作"宝"。

国朝姜垶、姜垓。

按，二姜先生见《明史》，不当入本朝。

列 女

女秀李氏诗"桃花一簇开，无主终不留"，题崔护家。本张昶《人物志》。

按，此诗载《郑氏贞懿集》中，昶失考。

七十三卷十七叶第一行至第四行。以下俱七十三卷。

此四行已见前十八叶之末，重出。

十七叶李氏、邱氏以雍正元旌。

此记旌年也，"元"字下脱"年"字。

十七叶顾氏，汤自申妻；十八叶樊氏，施天佑未婚妾。

顾氏传，见十八叶，此宜削。樊为未婚妻，误作妾。

二十叶第一行"闻者莫不嘉叹"。

此六字衍文。

二十叶陆氏，扬山农人女。二十一叶第一行题旌。

"阳"误作"扬"，"题旌"二字衍文。

二十一叶周氏，吴肇远妻；程氏，贝启祚妻。

周氏传，即见此叶；程氏传，亦见后《微显志》。此二人皆重出。程氏旌年，当注《微显志》本传之末。下邹氏诸人同。

二十二叶邹氏，汪学舒妻。

《微显志》有传，此重出。

二十二叶诸葛氏，许文韬未婚妻。

传即见前，重出。前云"乾隆三年旌"，此又作"四年"，互异。

二十三叶虞氏，卞王臣妻；吴氏，陈又龙妻。

虞氏，《微显志》有传，此重出。吴氏传，即见后，此亦重出。

七十四卷第一叶堵氏，吴县马迹山人。以下二条并七十四卷。

按，马迹山属常州府阳湖县，非吴县境，堵氏不宜混入。

第五叶金氏，蒋二楼祖母；张氏，二楼母。

按，《太湖备考》：二楼祖母乃屠氏，非金氏也；母乃季氏，非张氏也。

二 氏

汉魏伯阳

按,《神仙传》:"伯阳,上虞人。"志误入。

三国董奉

按,《神仙传》:奉,侯官人。《群仙录》以为吴人者,盖吴时人,非吴地人也。志误采。

艺 文

张公洞、善权洞诗。九十五卷十五叶、十六叶。

此属宜兴,非吴县境。

祥 异

吴会稽王太平元年八月,大风,吴高陵松柏斯拔。

按,高陵乃孙坚墓。陈寿以为在曲阿,即今丹阳,非吴县境。卢熊谓"始葬曲阿,后迁于吴。"此臆说也。又按,雅《志》"祥异门"亦载此事,作晋太元元年。

永安二年,吴景帝年号。**荧惑化为小儿。**

此乃吴都事,时已迁建业,亦与吴县无涉。

天玺元年,吴乌程侯年号。**临平湖开。**

按,湖在仁和县,亦非吴县事。

晋咸和七年。显宗年号。

按,"咸和"当作"咸康",见《宋书·五行志》。

唐天复昭宗年号**。三年,雪霅。**牛《志》。

按,《吴越备史》作"晋天福二年",志失考。

前明编年多漏字。

"英宗正统十四年"下径接"五年甲戌"一条,脱"景泰"二字。"景泰五年"下径接"四年戊子"一条,脱"宪宗成化"四字。按,此四字当从下,十二年条移入四年条。"成化十四年"下径接"二年己酉"一条,脱"孝宗弘治"四字。此四字宜从下,五年条移入二年条。

嘉靖中,妖人剪纸为狐。

按,冯犹龙《智囊谱》作"隆庆中"。

太宗太平兴国三年。

此言宋太宗也,上文皆纪唐代事,此条"太宗"上不加"宋"字以别之,则亦混入于唐矣。

越王杀文种一条。

此系越事,与吴县无涉。

国朝康熙五十二年,虎入王氏日涉园。

按,王氏园名归田,未尝名日涉,且属元和境。

兵 防

雍正二年,添设太湖营参将,驻扎东洞庭山。又太湖同知一员,兼理客债及社坛踹匠诸务。

是将太湖营与社坛营搀杂,"又"字以下十八字宜削。

杂 记

洞庭山浮于水上一条。九十一卷第一叶。

按,此本王子年《拾遗记》,指洞庭湖中之君山,非指吴县洞庭山也。《事物绀珠》:"武昌君山亦名洞庭山。"非明征耶?姜《志》沿旧志之误。

皇祐二年,浙西大饥,范文正公纵竞渡、修佛寺一条。九十一卷十六叶。

按,此乃公守杭州事,与苏州无涉。盖公以景祐元年知苏州,其知杭州正在皇祐初也。又按,《通鉴纲目》,淮浙饥乃在皇祐三年,亦非二年事。

苻坚三年,苍蝇泄赦文一条。九十一卷八叶。

按,此乃苻坚事,见《十六国春秋》及《续搜神记》。苻坚以临渭氏僭号大秦,都长安,去吴远甚。志殆以苻坚为孙坚耳。

孙权步夫人一条、吴主赵夫人以下七条。九十一卷第四叶至第六叶。

时吴已迁都秣陵及武昌,此八条俱非吴县事。

孙坚坠马一条。九十一卷第七叶。

亦非吴县事。

阖闾墓一条。九十一卷第二叶。

按,墓在虎丘,属长洲境,今分隶元和,误入吴县。

吴边邑处女争桑一条。九十卷第一叶。

既云边邑,则非吴县事,误入。

小序称旧志季子挂剑已详本传,《杂记》重出,无谓。九十一卷第一叶。

按,《姜志》仍沿旧志之弊驳人,适以自驳耳。

吴王夫差坐殿上独见四人一条。九十卷第二叶。

已见《祥异类》第三叶,王胜齐条重出。

吴王夫差将死,以帛幕目一条。同上。

已见《祥异类》第四叶,二十三年条重出。《杂记》记事之无可附者,既有所附,何须复赘? 并不若他部之犹可互见也。

唐陆龟蒙。九十一卷第八叶。**周生梦鹅一条。**十八叶。

按,龟蒙,元和人;周生,昆山尉,俱拦入吴县,非。

吴既灭越一条。九十一卷第二叶。**顾况一条。**第七叶。

吴灭越,越王筑台,乃越事。况,浙之盐官人,亦与吴县无涉。

唐范童子至明周治凡三十条,俱应编入人物。九十卷五叶至十四叶。

宋李育一条。九十卷第五叶。**明吴爟一条。**八叶。

已见六十二卷《人物》,俱重出。

长洲县志刊误 李《志》[1]

园 亭

明瞿逢祥园溪鱼乐，在沙头镇。

"园"当作"团"。逢祥，元人，非明人。沙头镇属太仓，不属长洲，见《采风类记》。《府志》作"团溪乐隐[2]"，入常熟。

职 官

明知县邝璠、主簿喻秉。

按，邝为吴令，见《吴志》。又按，吴宽《沙湖堤记》云："知县刘珂、邝璠，县丞窦胤，主簿喻秉。"《长洲志》据此，遂将邝、喻三人入职官，不知沙湖之役乃两县合办，若以邝为长洲令，则与刘珂为同时，一邑两令矣。秉亦见吴《志》，任吴丞，疑以簿升丞者。

学宫傍名宦祠中有唐长洲令萧审。

按，审极贪暴，不应入祀典。

1　即《乾隆长洲县志》。全志34卷首1卷，清李光祚修，顾诒禄纂。光祚，字磐奕，江西建昌府广昌县人。癸丑进士，乾隆十四年（1749）至十九年间两任长洲知县。慎刑宽课。长邑坍荒，有赋无田，久为民累。光祚详请豁免。乾隆十六年，征收漕米，诸邑动辄驳换，光祚独随到随收，邑人感之，立碑仓门颂其德。诒禄，字禄百，号花桥，又号瑷堂，清长洲（今苏州市）人。贡生。沈德潜高足。沈德潜致仕后，顾诒禄权记室。以古文辞闻名于当世，著有《寒读偶编》《吹万阁集》《缓堂文述》《缓堂诗话》等。乾隆十五年，光祚设局修志，选顾诒禄、褚廷璋、陈基成、周准、徐曰琏、张仲6人入局，由诒禄为编纂，搜罗校辑，七阅月而初稿成。十六年仲夏，又请沈德潜、宋邦绥修改补充，至十八年定稿付梓。《风俗》门载复社、踏布房、机户佣工，以及寺庙、戏园、小说、传奇等，有较高的史料价值。

2　《乾隆苏州府志》云："团溪乐隐园，在沙头镇，瞿先生逢祥所居。"

明教谕黄文伟。伟当从《府志》作"炜"。训导能，永昌，字以
鄂。按《康熙字典》无鄂字，当从《府志》作"谔"。训导范淲，"淲
"当从《府志》作"嵃"。"嵃"见崇祯五年陈文庄公《重修儒学记》。

宋知县唐桎。

"桎"当从《府志》作"桎"。

人　物

五代科目入唐。吴仁璧，字廷实，天顺二年进士。

按，《海虞钱氏谱》：仁璧，关中人，当入流寓。又按，卢《志》"字
廷宝"，此作"廷实"，误。前第十九卷《科目》又作"廷贵"，矛盾。
又"大顺"为唐昭宗年号，"天顺"则为明英宗年号。"大顺"误作
"天顺"。

宋《方惟深传》：与先长文同为乡人所重，朱人有后。

"先长文""先"字当作"朱"；"朱人""朱"字当作"先"。

明刘溥，祖彦敬，父士宾。

按，彦敬，《明史》文苑本传作"彦"。士宾，《续先贤赞》作
"观"。彦敬、士宾，皆字也。

王懋明。

既见二十二卷，又见二十三卷，重出。

国朝张大受。

《国朝别裁集》作嘉定人。

明顾存仁。

《明史》作太仓人。

明王观宾[1]曾孙。

1　此处是"王观宾"，而下文所说是"王宾"，并非同一人。

按,《府志·王宾传》: 宾平生不娶,焉得有曾孙?

明孔镛,字文韶。

"文韶",十九卷《科目》及《府志·人物》俱作"韶文"。

明文徵明孙震孟。

按,《雁门家乘》: 徵明生彭,彭生元发,元发生震孟,是震孟乃徵明曾孙,非孙也。

元和县志刊误 许《志》¹

寺　观

　　定慧寺啸轩,僧定钦为东坡构。《艺文》有东坡《定慧院啸轩诗》。

　　按,《黄冈县志》云:定慧院在清淮门外,苏轼以元丰三年二月到黄寓居于此。公有《游定慧院记》,又有《定慧院东海棠诗》一首,石刻藏黄邑王氏,有东坡自绘像。《定慧院寓居月夜偶出》二首《定慧院颙师为予竹下开啸轩》一首,皆为黄州咏也。《次韵定慧钦长老见寄》八首,为苏州咏也。总之,苏、黄二州皆有定慧院,皆为坡公游寓之所,而啸轩则属黄之定慧,不属苏州。许《志》误。

　　1　即《乾隆元和县志》。全志36卷首1卷,清许治修,沈德潜、顾诒禄纂。治,字均宁(《稀见地方志提要》作"字有野"),清湖北德安府云梦县人,乾隆三年举人,次年进士,曾任宜君(今属陕西)、昆山、华亭(今上海松江县)知县,乾隆二十四年十一月来知元和。丁父忧,贫几无以归,服阕,补长洲,听讼无疾言厉色,民得竟其说、申其情、曲直判……长邑素号烦剧,治与民休息,曰:吾不能利民,惟不扰民,于收漕一事,如前令李光祚,民咸乐之。是志凡37卷,体例仍依乾隆五年《元和县志》,卷首图考,较前志少一幅虎丘山图,正文中《人物》《艺文》较原志各增1卷,另新立《孝义》《御制》各1卷,书前有张若霭、江之炜原《序》2篇,沈德潜、许治新《序》2篇,《御制》收康熙、乾隆诗文题辞,以《赐礼部侍郎沈德潜归愚诗集序》冠于卷首。《艺文》崇政治、重人伦,而风云月露之辞则不收录。《艺文》所增1卷,全系前志未备增补者,共80余首,诸如李绅《苏州不住遥望武丘(虎丘)、报恩两寺》、张继《枫江夜泊》、吴如晦《五人墓》等,确为与本地关系密切,不得不补者。《稀见地方志提要》称:"此志体裁谨严,落笔矜慎,书中无琐细冒滥之辞,一变吴志向所喜谈佚闻杂事之习,而开志乘实核之一体,当时号称佳著也。"

冢 墓

周澹台子羽墓,在澹台湖傍。

按,《水经注》引京相璠[1]曰:今泰山南武城县有澹台子羽冢,县人也。又陈留裘氏乡有子羽冢。又《豫章图经》总持寺之东有澹台子羽墓。杜光庭《录异记》以为在城东南角三十一步,钟傅修城,掘砖见之,因立亭其上,以表古迹。是澹台墓凡四见,京说为长。

列 女

吕氏,张凤鸣聘室;二十八卷四十九叶。**徐氏,陈佩玉妻**;佩玉即前树琳字。六十三叶。**顾氏,董本素妻;金氏,顾璐妻**;六十四叶。**陆氏,丁殿飏妻;李氏,吴明山妻;陆氏,王助妻;钱氏,蒋维垣妻**;六十八卷。**黄氏,陆禧妻;滕氏,王景登妻;王氏,李庆生妻**;七十叶。**滕氏,苏纶继妻;章氏,周彩若妻;许氏,文轨妻;姜氏,程廪年继妻**;七十一叶。**张氏,朱君顺妻。**七十四叶。"朱",《长洲志》作"诸"。

以上十六人,止载姓氏,皆就旌表年分编次,然诸人自有传,此皆赘列,削之为是。只当注旌年于本传之末耳。吕氏传,见七十八叶。本传已注旌年。徐氏传,见六十一叶。雍正十一年旌。顾氏,附见五十五叶汤氏传。雍正十二年旌。金氏,附见五十六叶徐氏传。旌年同。前陆氏传,见五十七叶。《府志》:乾隆三年旌。李氏传,见二十三叶。后陆氏传,见四十五叶。旌年同。钱氏传,见三十一叶。旌年同。黄氏传,见二十六叶。乾隆五年旌。前滕氏传,见四十八叶。旌年同。王氏传,见四十二叶。旌年同。后滕氏传,见四十七叶。乾隆六年旌。章氏传,见五十九叶。旌年同。许氏传,见六十二叶。旌年同。姜氏传,

---

1 京相璠:魏晋时人,曾助裴秀制《禹贡地域图》,详考古地名。北魏郦道元《水经·谷水注》:"京相璠与裴司空季彦修《晋舆地图》,作《春秋地名》。"

见四十八叶。旌年同。张氏,附见三十二叶朱贞女传。乾隆十年旌。按,
《府志》体例,节妇有传者列于前,其无传者但分已旌、未旌汇编于
后,故无重出之患。《长洲志》亦然,《元和志》亦当从其例。

顾氏,监生宋沅妻,未旌。二十八卷六十七叶。

传已见六十叶,重出。

邵氏,娄德培妻;六十八叶。潘氏,施琬妻。七十五叶。

此两人皆无传而两见,尤觉重复无谓。邵氏,前入未旌,后
七十叶又入已旌,当存后去前。潘已见七十四叶,此宜削。

六十八叶第八行以下诸人,乾隆四年旌。

雅《志》:乾隆三年旌者,此皆混入四年。四年旌者,此皆失载。
纰缪殊甚。

六十四叶张氏,叶长升妻。

"褚氏"误作"张氏"。叶居娄门,为余比邻,故知其误。

（辑自《吴门补乘》卷九）